本丛书得到韬奋基金会资金资助

"十一五"国家重点图书出版规划项目

书林守望丛书

呕心沥血铸精品
——现当代名编辑叙录

宋应离 编

首都师范大学出版社

图书在版编目(CIP)数据

呕心沥血铸精品/宋应离编.—北京:首都师范大学出版社,2010.12
(书林守望丛书/吴道弘主编)
ISBN 978-7-5656-0246-7

Ⅰ.①呕… Ⅱ.①宋… Ⅲ.①编辑工作－文集②校对－文集 Ⅳ.①
G232.2-53

中国版本图书馆 CIP 数据核字(2010)第 244038 号

书林守望丛书
OUXINLIXUE ZHU JINGPIN
呕心沥血铸精品——现当代名编辑叙录
宋应离 编

项目统筹:张 巍
责任编辑:余 鲁 责任设计:张 朋
责任校对:李佳艺 责任印制:沈 露
首都师范大学出版社出版发行
地 址 北京西三环北路 105 号
邮 编 100048
电 话 68418523(总编室) 68982468(发行部)
网 址 www.cnupn.com.cn
北京嘉实印刷有限公司印刷
全国新华书店发行
版 次 2010 年 12 月第 1 版
印 次 2010 年 12 月第 1 次印刷
开 本 787mm×1 092mm 1/16
印 张 17.5
字 数 263 千
定 价 38.00 元

做文化的守望者

——《书林守望丛书》总序

柳斌杰

　　文化是每一个民族赖以生存的根基和灵魂，而出版事业和出版物，是民族文化的结晶，是民族精神的物质承载者，是衡量一个国家和民族文明程度的重要标志。从事这项伟大事业的出版人，不仅是出版活动的实践者，而且是人类文化创造、积累、交流、传播的组织者和参与者，是文化产品的生产者、民族精神的护卫者和时代精神的弘扬者。任何时代，治书修史者都肩负着神圣的历史责任、文化责任、社会责任，在我国，这种传统一直延续了几千年。但是，目前受名利诱导和网络快餐文化的影响，出版界跟风炒作、追求市场效应一夜成名而不顾文化品位等现象时有耳闻。在种种浮躁的背后，反映出来的是出版从业者文化品格的缺失。唯其如此，为繁荣学术和民族文化而坚守文化天职、恪守社会责任的职业精神和文化追求，尤其值得在出版界大力弘扬。

　　出版人是文化薪火的传承者，具有坚守文化自信的历史责任。众所周知，出版是人类文明薪火相传的重要依托，一个国家民族科学文化的传播和传承，有赖于它的出版事业。中华文明之所以历经五千年而一脉不绝，就在于中国历代政治家、著作家、出版家、藏书家接续几千年文明发展进程中形成的尊崇历史、珍惜古籍、编修文献、善待图书、重视典藏的优良传统，他们将中华文化的精髓融入历代出版物之中，一代一代地传之后世，肩负起了将一个时代的科学文化及思想智慧真实地记录下来、传承下去的历史责任，使中华民族的文化根基与时俱丰、愈加巩固。作为新时期文化创新和文化传播的主体，当代出版工作者更加需要继承传统、关注时代，一方面自觉承担起对民族文化传统的保存、整理、批判、传承的责任，保持中华文化的统一性、延续性；另一方面推动文化创新和发展，弘扬和培育符合时代要求的民族精神，在增强民族的凝聚力、创造力以及同世界其他文明进行对话的文化自信力方面作出贡献，使中华民族独立于世界民族之林的文化根基更加坚韧。

出版人是文化创新的推动者，具有坚守文化本性的特殊责任。作为一种文化生产的基本业态，出版既有产业的属性，又有意识形态的属性，必须通过创新来保持文化的独特品质和内容的先进性。从这个意义上说，创新是出版工作者的不竭动力和显著特征，不仅是文化积累和产品制造的组织者，而且也是文化内容的选择者和把关者，当然应当是新知识领域的开拓者和新成果的发现者、催生者。一方面，知识的保存、生产和应用，文化和技术的传承、生产和原创，都是以出版活动为基础的。历史上重要的思想创新、科学发现和技术进步主要是通过出版物得以传承和发展的。另一方面，从造纸术、印刷术到当代激光照排系统、计算机王码汉字处理系统以及数字技术的应用，出版人率先将新成果引进出版业，引发出版形式和内容的不断创新。在文化传播过程中，出版人通过传承优秀民族文化、吸收外国文化精华、把握时代需要，促进着社会文化的不断进步。而现代出版史上鲁迅发现大批文学青年、叶圣陶对巴金处女作的慧眼识珠、巴金对曹禺作品的琢璞为玉的佳话，也反映了出版人所必备的发现新人新作的创新品质。在当前的创新型时代、创新型国家建设的过程中，人民群众的伟大创造，已然成为文化创新取之不尽、用之不竭的源泉，迫切需要出版工作者发现、认识、扶持、推广，进而铺垫中华民族元气深厚的文化创新的阶石，培育中华民族根深叶茂、神韵独具的文化创新的活力。

出版人是时代思潮的引领者，具有坚守文化领土与文化阵地的社会责任。出版的本质不仅在于积累文化、创造新知，不断推出更优秀的文明成果，而且还在于按照一定的价值目标对社会现实文化作出评价，通过选择、把关实现对社会风气、学术思潮、文化倾向的引导。古代中国知识分子正是借助"竹帛长存"所构成的社会认知体系和社会规范体系，才唤起了"见贤而思齐"的文化自觉和道德自律。"五四"时期以《新青年》为中心凝聚的一大批知识青年的出版传播活动，将"科学"与"民主"汇聚成了思想解放的伟大潮流。在当今政治多极化、经济全球化、文化多元化、新技术日新月异的国际背景下，在经济社会急剧转型、社会文化事业和文化产业发展不平衡的国内背景下，承担着建构社会主义和谐社会及传播先进文化的神圣使命的出版工作者，其选择、把关进而引导大众的责任更加重大，需要通过对精神生产加以规划与组织，对精神产品进行鉴别与加工，对文化遗产作出选择和整理，对社会信息予以筛选和传递，打造传承主流文化和主流价值观的精品力作，不断巩固主流文化阵地。这就要求当代出版工作者必须深深植根于中国特色社会主义伟大实践，敏锐把握时代变革的风气之先，不随波逐流，不跟风炒作，不断提高辨别真善美和引导大众文化、传播主流文化和主流价值观的能力，致力于弘扬民族精神和时代精神，为中国的改革开放和现代化建设事业提供有力的思想保证、精神动力和智力支持。

历史已经证明，出版业作为文化传承和文化创新的核心，如果没有文化理想和文化追求，便失去了发展的根基。而出版工作者的文化价值取向、人文素养、文化责任、文化运作能力和学术品评能力，又直接影响到出版物的文化含量。从这个意义上说，对于文化的坚守，不仅是一种出版理念，也是一项出版实践。在竞争日益激烈的世界文化市场中，能否坚持文化本位，能否坚守文化责任，对新时期的出版从业者来说，无疑是一种严峻的考验。《书林守望丛书》的问世，为我们提供了一部关于新中国出版人的精神文化启示录。其中反映出的经过沉淀而彰显的文化品格，尤其应该成为新时期出版工作者的精神支柱。这套丛书的作者，是一群深深地钟情于出版事业的文化守望者，他们在"书荒"时代辛勤耕耘，在"书海"时代坚持方向，恪守文化的尊严，组织、规划、策划、编辑、出版过一大批反映时代精神、民族精神及具有学术价值、文化品位的标志性工程，主持、主编过一大批科学、人文、经济、教育等方面为广大读者喜闻乐见的知识读物，为全社会提供优秀的精神食粮作出过重要贡献。在他们身上体现出来的勇于开拓、后启来者的创新精神和坚守精神家园、淡泊名利的文化风骨，堪称典范。希望通过这套丛书的出版，使新时期的出版工作者形成一种更加清醒的文化自觉，在文化与产业协调发展的道路上走得更加坚定，产生更多让世界为之惊喜的拥有自主知识产权的民族文化品牌，再现中华民族宏大的文化气魄。

当前，出版业的发展同政治、经济、社会、文化的发展一样，要在

003

世界范围内的大对话、大交流、大竞争、大角逐中，把握机遇，迎接挑战，创造新的辉煌，需要一大批具有真才实学且能开阔视野、崇尚科学、追求真理、尊重创造、包容多样的新型复合型出版人才，来担当中国特色社会主义文化建设的推动者。《书林守望丛书》汇集的新中国成立六十年来成长起来的十几位出版家在长期为人作嫁的职业生涯中的思想火花、书坛掌故，集中反映了新时期出版工作者的精神风貌，不仅抓住了时代的新变化，也深刻把握了出版职业的新要求。这套丛书的作者，或者长于出版规划，或者长于鉴赏加工，或者长于经营管理，但都有将丰富的实践经验升华为理论的深沉思考。将这些经过实践检验的理论总结汇集起来，转化为鲜活的历史智慧和生命依托，对于未来的新型出版人才，无疑具有深远的精神哺育作用。我希望这套丛书的出版，能够吸引更多才华横溢、富有创造力的新军投身我们的出版事业，使中国出版人的文化守望薪火相传，为推动社会主义文化大发展大繁荣建功立业。

2009 年 7 月

目 录

选 编 说 明

一、图书的质量问题一向为编辑出版者和读者关注。在我国现当代出版史上，曾涌现出了一批杰出优秀的编辑出版家，他们为整个出版事业特别是为提高图书质量作出了突出贡献。为了总结继承这方面的经验，借鉴历史，树立典范，发扬传统，指导当今，推动当前图书质量的提高，特选编这部书，供广大编辑出版工作者学习参考。

二、本书选取了现当代已经辞世的、有代表性的 22 位著名编辑出版家在为提高图书质量方面，精心编校、打造精品的有关论述及创造性的实践经验。其顺序按生年先后排列。为了增强真实性、可感性，书中还收录了有关书稿的审读报告及编著者的相互通信。

三、每个著名编辑家的本人论著，按发表时间先后排列。

四、限于篇幅，有些文章全文收录；有些文章，根据内容只选某一部分，力求多角度地反映这方面的内容。

五、本书所收有关内容均选自国内半个多世纪以来的图书、报刊。由于作者写作时间久远，作者的经历、学养、写作习惯千差万别，为了尊重历史，除对文中的明显文字差错加以改正外，其他均保留原貌。

鲁 迅

鲁　迅(1881～1936)，浙江绍兴人，原名周树人，字豫才。1898 年 5 月到南京求学。1902 年留学日本，原学医，后弃医学文。1909 年回国。1912 年在南京中华民国临时政府教育部任职。1918 年 4 月，参加《新青年》的编辑工作，并在该刊发表了中国现代文学史上第一篇白话小说《狂人日记》。1921 年至 1922 年 2 月，其代表作《阿 Q 正传》问世。除创作小说外，还写了大量战斗性杂文。他除在教育部任职外，还先后在北京大学、北京女子师范大学、厦门大学、中山大学任教。

　　鲁迅不仅是伟大的文学家，而且是伟大的思想家、革命家及杰出的编辑出版家。他从 1912 年涉足编辑工作起，直至逝世的二十多年间，曾先后创办六七家出版社，编辑和参与编辑的各种图书七十多种、丛书十多种，校阅和帮助出版的十多种，总计两千余万字；编辑和参与编辑的文艺刊物十多种，与青年作者通信几百封。

　　新中国成立后，其著译分别为《鲁迅全集》(10 卷，1958 年)、《鲁迅全集》(16 卷，1981 年)、《鲁迅全集》(18 卷，2005 年)、《鲁迅译文集》(10 卷)、《鲁迅日记》(2 卷)、《鲁迅书信集》(2 卷)等。

　　鲁迅在长期的编辑工作实践中表现出的严谨认真、无私奉献、热情扶持新人的崇高精神，永远值得继承和发扬光大。

鲁迅关于提高书刊编校质量的几封信

致黎烈文

烈文先生：

昨得大札后，匆复一笺，谅已达。《大晚报》与我有夙仇，且勿论，最不该的是我的稿件不能在《自由谈》上发表时，他们欣欣然大加以嘲笑。后来，一面登载柳丝(即杨村人)之《新儒林外史》，一面崔万秋君又给我信，谓如有辨驳，亦可登载。虽意在振兴《火炬》，情亦可原，但亦未免太视人为低能儿，此次亦同一手段，故仍不欲与其发生关系也。

…… ……

做编辑一定是受气的，但为"赌气"计，且为于读者有所贡献计，只得忍受。略为平和，本亦一法，然而仍不免攻击，因为攻击之来，与内容其实是无甚关系的。新文人大抵有"天才"气，故脾气甚大，北京上海皆然，但上海者又加以贪滑，认真编辑，必苦于应付，我在北京见一编辑，亦新文人，积稿盈几，未尝一看，骂信蝟集，亦不为奇，久而久之，投稿者无法可想，遂皆大败，怨恨之极，但有时寄一信，内画生殖器，上题此公之名而已。此种战法，虽皆神奇，但我辈恐不能学也。

附上稿一篇，可用与否，仍希

裁夺。专此，顺请

暑安

幹　顿首 七月十四日

（节选自《鲁迅书信集》上卷，人民文学出版社 1976 年版）

003

致李霁野（1925 年 5 月 17 日）

霁野兄：

前几天收到一篇《生活！》①我觉得做得很好；但我略改了几个字，都是无关紧要的。

可是，结末一句说：这喊声里似乎有着双关的意义。我以为这"双关"二字，将全篇的意义说得太清楚了，所有蕴蓄，有被其打破之虑。我想将它改作"含着别样"或"含着几样"，后一个比较的好，但也总不觉得恰好。这一点关系较大些，所以要问问你的意思，以为怎样？

鲁迅 五月十七日

西城宫门口、西三条、二十一号

（选自《鲁迅全集》第 12 卷，人民文学出版社 1981 年版）

致章廷谦（1928 年 11 月 7 日）

矛尘兄：

却说《夜读抄》经我函催后，遂由小峰送来，仍是《语丝》本②，然则原稿之已经不见也明矣。小峰不知是忙是窘，颇憔悴，我亦不好意思逼之，只得以意改定几字，算是校正，直到今天，总算校完了。

他所选定之印刷局，据云因为四号字较多。但据我看来，似并不多，也不见得好，排工也不好，不听指挥，所以校对殊不易。现在虽完，不过是了了人事。我想，书要印得好，小印刷局是不行的，由一个书店印，也不行的。

看看水果店之对付水果，何等随便，使果树看见，它一定要悲哀，我觉得作品也是如此，这真是无法可想。为要使《奔流》少几个错字，每月的工夫几乎都消费了，有时想想，也觉不值得。

004

---

① 《生活！》：短篇小说，李霁野作，载《语丝》周刊第二十八期（一九二五年五月二十五日）。作者接受鲁迅的意见，在发表时将结末一句改为"似乎含着几样的意义"。

② 《语丝》本：按周作人《夜读抄（二）》曾发表于《北新》半月刊第二卷第十期（一九二八年二月），这里说《语丝》当系误记。

我现在校完了杂感第四本《而已集》，大约年内可以出版的。

迅上　十一月七日

斐君兄均此致候不另。

（选自《鲁迅全集》第 11 卷，人民文学出版社 1981 年版）

致蔡永言①（1931 年 8 月 16 日）

永言兄：

七月廿六日信早收到，《士敏土》校正稿，则收到更在其前。雪兄②如常，但其所接洽之出版所，似尚未十分确定。盖上海书店，无论其说话如何漂亮，而其实则出版之际，一欲安全，二欲多售，三欲不化本钱，四欲大发其财，故交涉颇麻烦也。但无论如何，印出是总可以印出的。

当印行时，插画当分插本文中，题语亦当照改，而下注原题，此原题与德译本亦不尽合，是刻者自题的。戈庚③教授论文，可由我另译一篇附入。书拟如《奔流》之大，不能再大了。作者像我有底子，另做一块，所费亦甚有限。

大江书店之线订法，流弊甚多，我想只好仍用将线订在纸边之法。至于校对，则任何书店，几于无一可靠，有些人甚至于识字不多，点画小有不同，便不能辨了。此次印行时，可属密斯许校对，我相信可以比普通少错一点。

此复，即颂

近佳

迅上　八月十六夜

绍兄均此致候不另。

005

---

①　蔡永言：当时董绍明、蔡咏裳夫妇合用的名字。董绍明（1899～1969），字秋士，一作秋斯，河北静海（今属天津）人，翻译家，曾在上海编辑《世界月刊》。蔡咏裳，广东南海人，曾与董绍明合译革拉特柯夫的长篇小说《士敏土》，鲁迅为之校订，此信系致蔡咏裳。

②　雪兄：指冯雪峰（1903～1976），浙江义乌人，笔名画室、洛扬等，作家、文艺理论家。中国左翼作家联盟成员之一。著有《论文集》、《灵山歌》、《回忆鲁迅》等。

③　戈庚（П. С. Коган，1872～1932）：苏联文学史家，文学批评家。他的论文，指《伟大的十年的文学》第三章第十五、十六节。鲁迅于一九三一年十月二十一日据日译本转译，改题《〈士敏土〉代序》，载于董绍明、蔡咏裳译《士敏土》再版插图本的卷首。

题版题语能否毫无删改，须与出版者商量，采其意见。

（选自《鲁迅全集》第 12 卷，人民文学出版社 1981 年版）

致赵家璧（1933 年 2 月 6 日）

家璧先生：

今天翻翻良友公司所出的书，想起了一件事——

书的每行的头上，倘是圈，点，虚线，括弧的下半(⌟，⌣)的时候是很不好看的。我先前做校对人的那时，想了一种方法，就是在上一行里，分嵌四个"四开"，那么，就有一个字挤到下一行去，好看得多了。不知可以告知贵处校对先生，以供采择否？此请

著祺。

鲁迅上　二月六夜

（选自《鲁迅全集》第 12 卷，人民文学出版社 1981 年版）

致黄源（1935 年 5 月 28 日）

河清先生：

廿七日信并校稿，顷已收到。《表》至夜间可以校了，明天当托书店挂号寄上，可以快一点，因为挂号与寄存，都是一个"托"，一样的。错字还多，且有改动处，我想，如果能够将四校再给我看一遍，最好。"校对"实是一个问题，普通是只要校者自己觉得看得懂，就不看原稿的，所以有时候，译者想了许多工夫，这才决定了的字，会错得大差其远，使那时的苦心经营，反而成为多事。所以，我以为凡有稿子，最好是译作者自己看一遍。但这自然指书籍而言，期刊则事实上办不到。

（节选自《鲁迅全集》第 13 卷，人民文学出版社 1981 年版）

重金礼聘校对老手

鲁　迅

现在只有三种，但因为本书屋以一千个现洋，三个有闲，虚心绍介诚实译作，重金礼聘校对老手，宁可折本关门，绝不偷工减料，所以对于读者，虽无什么奖金，但也决不欺骗的。

（节选自鲁迅《三闲书屋校印书籍》，题目为编者所加，《鲁迅全集》第7卷，人民文学出版社1963年版）

叶圣陶

叶圣陶(1894～1988)，名绍钧，江苏苏州人。1912 年中学毕业后，从事教育工作。1921 年与沈雁冰、郑振铎等发起组织"文学研究会"。"九一八"事变后，积极参加爱国民主运动。抗战胜利后，他参加了反对国民党的图书审查制度、争取出版自由的斗争。1946 年回上海，仍主持开明书店工作。

新中国成立后，先后任出版总署副署长、教育部副部长兼人民教育出版社社长、总编辑。

叶圣陶是现代著名作家，也是著名的编辑家。1923 年进商务印书馆，历时 8 年。1931 年进开明书店，主持编辑出版工作 18 年。他从事出版工作后，先后创办、主持或参与编辑的报刊十多种，编写教科书多种。1950 年至 1956 年，主持人民教育出版社工作期间，曾编辑出版了四套约五百种中小学教科书和教学参考书，其中许多书是经他逐字逐句修改定稿的。

叶圣陶是一位杰出的爱国主义者，坚强的民主战士和著名的教育家、文学家、编辑出版家。在其七十余年的教育、文学创作和出版活动中成就卓著，贡献巨大。在编辑工作中，严谨认真、对读者高度负责，在注重出版物质量以及发现、扶植文学新人方面成绩尤为突出。其著作有《叶圣陶集》共 25 卷。

叶圣陶书信选编

致师哲陈昌浩姜椿芳陈山（1953 年 9 月）①

师哲、昌浩、椿芳、陈山诸位先生尊鉴：

近日以公等校定之《斯大林全集》第一卷清样与我之校样对勘一过，藉悉所贡意见，大部已蒙采纳，良为欣慰——非欣慰个人之见获申，盖以读者理解较便为欣慰耳。其未蒙采纳者，一部分以我浅识拘墟，所陈失当。亦有一部分改其文字而未陈其意旨，或语焉不详，遂令公等莫察，置之未理。此皆不论，今唯欲奉白一事。末篇有一处（页数及语句书于别纸）我标注谓其语不克晓，意盖欲乞公等再为斟酌，重定其文。而定本仍如原样，未见有所改易。岂公等以为其文已甚明畅，不须改易耶？抑我实愚陋，厚诬此已甚明畅之文耶？夫迻译之事，首在为读者服务，而尤宜顾及者，为不通原文之读者，必不能责读者以通晓原文之语法表达而后展读译文。暇尝涉想，翻译工作者必当持此态度，努力以赴，乃为克尽厥职。我诚愚陋，第恐愚陋如我者未必更无他人，则此集之行世而后，将有若干人于此语不克畅晓其义，是岂迻译斯氏全集之初意欤？方今鼓励批评，已蔚成风气，言者无罪，闻者足戒，用敢不惮烦渎，率直陈其所怀，幸垂鉴焉。敬颂

著安。

叶圣陶上　9 月 10 日

① 《叶圣陶集》，江苏教育出版社 1994 年版，以下同此。

011

校定样本第二八四页第八九行，又见于第二四八页第十二三行。

"……当从它这里获得充分发展余地的那一切生产力还没有展开以前……"

我以为此语不克畅晓在"从它这里"，即原文确为"从它这里"，译文亦宜酌加融化，俾读者能确切把握。

（选自《叶圣陶集》24 卷 281～282 页）

致杨苢（1962 年 11 月）

杨苢同志：

两封信早收到，事稍多，未能即复，为歉。四篇童话都看了。就意思说，四篇都不错。就语言说，似乎要好好加工。请你原谅，我没有工夫给你修改。再说，文章叫别人改，不如自己修改那样对自己有益，请你自己加工吧。

把写成的稿子多念几遍，凡是不顺口的地方，料想别人听起来会弄不清楚或是会发生误会的地方，都要修改。一句接一句很连贯吗？每一个词儿用得确切恰当吗？有用不着的词儿和句子吗？看自己的稿子，随时这样问自己，就会发现有些地方非改不可。你若这样下工夫自己修改，坚持一年半载，一定会有进步。

你的稿子有少数错字。我劝你经常翻翻字典或词典。翻的时候不光看字的笔画，同时还可以看看字的意义和用法，这也是大有好处的。翻得多了，积累也就多了，动起笔来就觉得自如了。稿子奉还。
敬礼。

叶圣陶　11 月 8 日上午

（选自《叶圣陶集》24 卷 292～293 页）

致高祖文（1963 年 2 月）

祖文先生：

春节假期中承宠临，失迎为歉。阮君小说两篇已读过，眼钝识浅，不能提出中肯之意见，姑妄言之，希为转致。

观此两篇，以意度之，似记叙实事为多，或全系实事亦未可知。近年来写革命的故事者甚众，电台亦时有广播，阮君之作当可归入此类。我以为苟欲令人明晓其事，则如此已足，而欲令人诵而感之，玩味无穷，则尚须加工。加工之道，首为压缩。凡可有可无之语句，留之不增效果，去之反见干净者，概从删汰，此压缩之说也。次则设想造意，力求真切，用词构句，务期顺适。若"他们彼此的欢笑声已交流着难友重逢时的光芒"，"一对沉着而锋利的眼睛闪烁着信心的光辉"，皆浮荡无着，不得谓之真切。若谓僧衣为"袈衣"，指"丑态"为"这场"，皆违于习惯，不得谓之顺适。复次则反复诵读，谋诸口耳，斟酌损益，不忽于一字，乃克诵之而顺口，聆之而悦耳。无妨取如是标准，可否以付广播。苟为广播员所首肯，则音节声调其庶几矣。

加工之事，最宜作者自为之，他人代庖，终不若自为之亲切。阮君有意于文事，欲求其作益进于精善，当必不惮勤力加工也。凡上所陈，皆属空论，未必切于实际，聊供参考云尔。余不多及，即请

春安。

叶圣陶启　2月14日下午

（选自《叶圣陶集》24卷298～299页）

致张志辛（1963年5月）

志辛校长惠鉴：

纪录稿先由晓风修改，我再为加工，费时不少，更改至多。此非司记录之二位同志不善写记，实缘我之讲说杂乱，条理不清，时有重复之故。由是推想，录音带各处传听，恐大有问题。听者所得几何，是否不生误会，皆难断言也。

原稿用红笔墨笔涂改，勾画尚清楚，即以付排，想不致使排字工友头痛。篇中多用引号，逗号或句号在引号内或外，皆特别留意。请嘱工友务必照排，校对时亦希注意此点。

我欲向缮写此稿之同志进言。预备付排之稿，处处须为工友着想，予以方便，使不易致误。初校样错误无多，则校对同志亦感方便。印成之书刊完全无误，读者虽未必惊为了不起，而实则受惠甚多。由此以思，

原稿之缮写清楚，受益者且不仅为工友也。今此稿之缮写，字迹颇不清楚，标点符号细小不显，属上属下不明，皆易使工友为难，因而排错。我故特以墨笔重书之，求其清楚明显。念尊处排印书刊之事正多，缮稿之规格似须有标准，用敢直言奉告，想不以为忤也，即请

大安。

叶圣陶　5 月 7 日上午

（选自《叶圣陶集》24 卷 300～301 页）

致宁晓杰（1964 年 3 月）

晓杰同学：

今天接到来信，我非常感激你们，对你们的细心看书非常欣慰，对我的疏忽非常惭愧。

我这篇文章登在刊物上，后来又由编辑者收在课本里，五六年间没发见这个错误，直到今天才知道我写错了。你和同学说得完全对，吃晚饭时候，林将军听见沙堆背后的人讲的绝非长征故事，而是 9 年前攻击十三陵一带那时候的故事。当时我怎么会想错的，现在也弄不明白，总之我说了不正确的话，叫人家受累搞胡涂，是很不应该的。现在我准备通知采用我这篇文章的出版社，说你们指出了我的错误，我请求为我更正。更正的办法是把"长征故事"改为"9 年以前在这一带作战时候的故事"。你们看好不好？

谢谢你们。祝你们进步。

叶圣陶　3 月 22 日

（选自《叶圣陶集》24 卷 310 页）

致北京出版社（1964 年 3 月）

北京出版社编辑同志惠鉴：

昨日接到北大附中一位学生来信，指出我的《〈普通劳动者〉是一篇很好的小说》一文之第五小节中有一处明显的错误。按王愿坚同志的小说，沙堆背后的人讲的并不是"长征故事"。几年来我自己不曾觉察，也没有

人给我指出，我非常感激那位投书的学生。他与同学能细心阅读，又能助人改正错误，深可欣慰，而我下笔粗疏，贻误读者，实感惶愧。今特致书贵社，高中语文课本以后如仍采用我这一篇，望将第 5 小节中"长征故事"四字改为"9 年以前在这一带作战时候的故事"15 字。北京市其他课本或亦有采用我这一篇的，也请照此改正。专此，即致

敬礼。

叶圣陶　3 月 23 日上午

（选自《叶圣陶集》24 卷 311 页）

致邱汉生张志公（1974 年 5 月）

汉生志公二位赐鉴：

前日承临况，久未晤见，叙谈多欢，此乐难得，殊不能忘。

携来稿子三份，已看二份，前后历八九小时。柳子厚一份拟不看，希获原宥。

龚定盦一份颇逊于曹孟德一份，恐尚须大大加工，方可勉及可付枣梨之水平。其通说龚诗之一篇尤差，似执笔之先并无成竹，总之欲将定盦捧一通，而杂取其诗句文句以敷衍之。私意以为凭此所选之数诗以及通说龚诗之一文，不足以使读者知定盦其人与其诗。希二公评其是否为苛论也。

合两份观之，觉皆为先存若干概念，然后以若干事例若干诗句文句疏释之，其目的在使读者信从某某为法家，而皆有阶级与时代之局限性。然事例不多，引用之诗文复寥寥，读者苟非于某家某家素有知闻，恐其所受印象亦唯模优糊侗而已。

写书稿无论用口语用文言，总宜做到念之上口，听之入耳，有所谓语气或文气贯乎其间。此二份之疏解部分与通说部分之语气皆未能满人意，而龚定盦一份尤差。我有一印象，近年之书刊，无论著译，以平均分数而言之，皆逐渐提高，而此二份殊为不逮，故宜更为加工。希望做到气盛言宜，语必简当，套语泛语，悉从删汰。私意以为此非过分之求，为读者着想固当如是也。

尚有句读符号之使用，稿中亦殊随便。此只须于最后定稿时审核一

次即可。

看稿时随手记下零星意见之小纸片，二份共十四片。未必有当，仅供参考而已。

请与二公约，我此书比之当面晤谈，无所顾忌，慎勿出以示人。小纸片中亦有不客气语，并以置诸抽斗中为宜。务恳垂许，至祷至祷。

6 月初再谋晤叙。余不一，即颂

著安。

叶圣陶　5 月 2 日夜间

（选自《叶圣陶集》24 卷 394～395 页）

致新华社（1977 年 12 月）

新华社编辑部负责同志惠鉴：

贵社郑州 1977 年 12 月 8 日电报道重新处理所谓"马振抚公社中学事件"，开头一节的末了一语是"为受害干部、教师平了反。"

"平反"这个结构和"吃饭""看书"不一样。可以说"吃了饭""看了书"，而"平反"之间无论如何插不进"了"。昨天早上我听广播，听见"平了反"觉得刺耳，料想我没有听准确，待报纸送来，果然是"平了反"，因此特写信奉告。

贵社每天要发不知多少字的电讯和印件，影响之广没法比拟形容。我诚心诚意请求贵社注意语言的规范化。

前些日子寄呈一篇短文叫《说'之所以'》，想已蒙赐览。

敬礼。

叶圣陶　12 月 10 日

（选自《叶圣陶集》24 卷 458～459 页）

致文物出版社（1981 年 1 月）

文物出版社第二图书编辑部诸位同志：

寄来《颐和园图录》的前言，此刻已经看完。要提的意思太多了，我目力不济，不能多写，只能画些黑线条，表示这个地方有些欠妥。总的意见是这篇东西还是毛坯，不像一篇可以给广大读者阅览的文字。

前一部分说颐和园的历史，后一部分说颐和园的建筑艺术，都像是写在笔记本上的摘记。这些材料还得充分融化，适当安排，找到恰当的语言形式表达出来，才能使读者理会，并且感到很有兴味。假如就用这一篇作前言，读者看了前一部分会感到厌倦，看了后一部分只能似懂非懂。

我对于贵社和他社出版的风景名胜图册、古今书画册、考古文物图册之类的"前言"或者"出版说明"（还有风景名胜地区写在牌子上的"简介"）一向有意见，总觉得套语笼统语比较多，语言似文似白，非文非白，基本上是文言底子。这一篇就是个例子，因而我第一回把我的意见说了出来。

我想，风景名胜，古今书画，考古文物，全是挺名贵的东西，而在图册前加上那样的"前言"或者"出版说明"，太不相称了，我几乎要说出"玷污"这个词儿来。

改进文风，大家有份，我希望干编辑工作的同志都来做促进派。

凡是套语笼统语坚决不说，只要随时留心，是容易办到的。至于语言形式，当然要用明确的干净的现代汉语。文字虽然写在纸上或者印在纸上，要顾到口头念起来顺当，耳朵听起来清楚。（像这篇稿子，放到口头是没法念的，用耳朵来听是无论如何听不清楚的。）

我的话直率，也算是"知无不言，言无不尽"的意思。倘若诸位同志不给责备，又能虚心地考虑这些话对不对，就是我的荣幸了。

如果方便，我希望把这封信转请王冶秋同志看看。

敬礼。

叶圣陶　1 月 22 日

（选自《叶圣陶集》24 卷 500～501 页）

叶圣陶日记选编

一九五一年

四月五日（星期四） 上午，人民出版社来汇报。子野谓乔木评人民出版社之出版物多而不精，为树立风气计，宜斟酌转变方向，做到宁精毋多。余谓此非可骤冀也。

午后二时，总编室召集会议，商量今后之校对工作。三月底前，编审部未能将应改各书赶出，尚有数种须延至本月中旬。本月之工作将集中于校对，校对组人少不够应付，则邀各组人员临时参加，期于本月内将各书校毕，打成纸型。如是，今秋方能做到及时供应。唯各组人员皆未习校对，生手未必济事。余因谈校对之要点在养成敏感与细心，此是习惯上之事，习惯既成，则其事殊不足奇。会至五点散，诸人共勉，务期不致失时。

余又参加工会之基委会，幸程浩飞主席，处事明快，余旁听即可。七点散。

八月十四日（星期二） 看积压文卷多件。看文叔、季纯选辑之高小语文教材十馀篇，详细提出意见送还之。午后，看字典稿一大叠，亦提出不少意见。连日开会，今日伏案看稿件，虽亦不闲，颇觉有味，此可见我之性情于编审工作为宜。

八月十八日（星期六） 祖文将《标点符号用法》最后一次校样本送来，立即看过一遍，因而牺牲了午睡。作稿改稿，复继之以校对，积习如此，亦复可笑。总之一切喜欢自己动手，不甚相信人家，此亦手工业

018

作风也。

四点半，集编审部同人及署中少数同人，为讲新定之学制。略谓此是新民主阶段初步之学制，一方面适应现状，一方面规定将来之发展方向。有特点数项：教育为工农开门，尽量顾及国家建设，全面的教育与专业的教育并重，等等。阐发未见透彻。

九月十九日（星期三） 九时，集九个出版社之负责人开座谈会，其中七个皆属公营，私营者仅商务、开明两家而已。先由王子野报告人民出版社所出书籍发生种种错误之情形，并谈致之由及以后改辙之方法。次仲仁谈我社之教本，错误亦多，思之不寒而栗。次朱丹谈美术出版社出版之各种美术出版物，亦复时有误谬。余因就我署所拟之规定，与众谈一稿成书之必经程序。末言到场之九家如能大家认真，即可转移风气，导出版界趋于正规。

二时半至北京饭店，文联欢迎爱伦堡、聂鲁达二人，开座谈会。三时，爱氏先讲话，谓创作非有迫切之要求与成熟之构思，不宜妄作。多知多识，深入生活，实为切要。此亦我人所恒言，唯爱氏表达其意颇有艺术方法耳。聂氏讲话，强调以诗为斗争武器。

十月十五日（星期一） 晨开全体大会，由余作临时学习之总结，讲一点有馀。卜明继之，报告由公安部逮捕之四人之罪行。下午三时，教育社工会开全体大会，改选第二届委员。芝九报告第一届委员会之工作。余讲话一时许，多勖勉之辞，希望工会发动全体会员做好教科书之出版工作。安亭与仲仁皆讲话，咸非泛泛之辞。最后揭晓选举结果，连任者不多，盖非不满于旧委员，实取轮流为众服务之义。

夜间，墨偶以高小自然校样嘱至善阅看，至善发见其书多粗糙含糊之语，谓实非善本。此稿去年编成，已印过数版，余从未看过。经至善提出，取而观之，开首系讲劳动创造人及米丘林学说，确属不好，非特不能使儿童明晓，恐教师亦无从据以讲说。遂发心与至善共同修改。至于十一时，仅改两课有半。此是第四册，若全书皆为修改，亦不知需花多少时间。

一九五二年

六月四日(星期三) 晨间看公文。出版管理局作一研究报告，分析上海一百馀家私营出版家之情形，作出总结。余观之深觉有意思。我署成立将近三年，此工作为第一次做。据此为基础，乃有指导与管理可言。

八点半起，续改历史，至午刻毕东汉部分。下午改商朝一章，未毕。统计数日所改，仅得全册三分之一而已。毕此第一册，尚须十天工夫，颇有支持不下之感。然每日勉力为之，终必完工也。我社编教本以此册为最费功力。自制定大纲起，自己斟酌再三，又印发外间提意见。初稿打印之先，已几经改易，其间又经检查科之检查。各处意见交来后，又据以修订更改。迄于入余之手，稿已八九易矣。余改过誊清之后，尚拟由社内数人通读一遍，总希望不至有重大谬误。

六月五日(星期四) 晨看公文，又看文叔小学语文教学法稿。文叔于概念与词之关系讲得甚多，期教师深明思想与语言之关系，然后施教，用心甚可钦。惜其未能深入浅出，语句繁复冗长，有类译文，恐一般小学教师未必遽能体会也。

八时后续改历史稿。于氏族社会转成奴隶社会一段，稿仅五百字，研摩至两点半钟。良由此等道理，余等皆不甚明辨，意念不清，下语联句自困难矣。下午续为之，至武王灭商止，亦不甚顺利。

五点过，与安亭、灿然、仲仁共谈，为明日社务会议作准备。我社组织条例与数种重要制度，已由全体同人讨论，提出合理化建议。即据以修改，俟明日社务会议通过，即可实施。

六月十日(星期二) 八点开始改历史稿，迄于下午放工，改原稿十纸，已至南北朝。尚有两节，原稿仅五纸，第一册即可完毕。连日伏案，署中会议皆不参加，报纸及来信亦未暇细看。最好日夜作事，节省休息时间，而体力所不许，亦莫可奈何也。

一九五三年

二月二十七日(星期五) 晨至社中，继续改稿。张莘中来，先谈语文教学大纲事。次谈加强各编辑室之领导人员，务期其有专门研究，有教育学识，而不为编书匠，乃可予学生以货真价实之教材。其言甚是，然余实不胜为领导人员也。每一念及，辄欲离去，乃觉心安。

十一时，偕孙玄常访张志公，使二人相识。拟令孙助张撰语法课本，此外则参加教部草拟语文教学大纲之工作。

到署中饭后，即看乔木送来《斯大林全集》三篇序文之译稿。乔木尝为此项工作托余物色人才，余无以应。今将译稿送来，要余改定其文字，供译者有所遵循。余因不出席扩大署务会议，专意看之。三篇序文不过三千馀言，余看五小时，提出意见六十馀条，即便送回。苟译者虚心而且细心，当有若干得益也。

五月十六日(星期六) ……

人民出版社已将《斯大林全集》之第一卷排成，凡三百数十面。今日送来，嘱余就校样读其译文，如有意见，即提请原翻译机构编译局酌改。灯下看十馀面，确然有可商处。因稍用心思，夜眠未酣。

七月一日(星期三) 上午续看斯氏集译稿。下午，往大华观《伟大的公民》上下卷。自二时起，至六点三刻出院，坐得相当吃力。然此片确佳。

七月二日(星期四) 下午到社，仍看斯氏集译稿。下午到社，亦复看之。余凡有改动，必说明其所以然，亦希于译者有所影响。译者之病，多违背我国语言习惯。又写成之后不复诵读一过，致语句多拗强不顺。凡此毛病，余时时为之提醒，录于小纸片。

与田世英、颜迺卿谈有顷。与建功商量文法稿。

九月一日(星期二) 从人民出版社取来《斯大林全集》第一卷之清样，与余所校一份校样对勘，观编译局从余之修润者凡有多少。对勘半本，依余改动者十之八九。其不依余改动者，有一部分系彼辈未明余意，或于词意句式较疏，以为不必改。此外一部分，则诚为余之穿凿。

八点半开署务会议，讨论明年计划之三项指标数字：一为出版计划指标，报志图书之种数份数；二为基本建设指标，均属修建房屋之数字；三为财务计划指标，即国家用于出版事业之钱数，明年与今年相近，实际支出者仅三千亿有馀耳。此三项尚未为定论，第据以编制计划，经文委、政务院、国家计划委员会层层核定，尚须许多工夫也。

下午到社，安亭来言前提之奖励名单于群众中探询之后，三个单位均取消，个人者则稍有更动。奖惩之事欲求其允当，使人人心服，良非易易也。

（以上日记均选自《叶圣陶出版文集》，中国书籍出版社 1996 年版）

值得永远干下去的事业

叶圣陶

　　同业中遇见我们，常说："你们开明不错，是在正正经经地经营一爿书店。"在读者界中，我们出版的书也大致得到好评。他们说："开明的书切合一般人的需要，总之有些东西在内，买了回去不上当，不失悔。"

　　得人家下一句好评是不容易的，我们开明居然常常听见好评，这中间一定有个道理在，决不是侥幸。道理在哪儿？《明社社歌》中"好处在稳重"一句也许可以包括尽了。我们同人认认真真地处理一切事务，认认真真地编印各种书籍；我们固然不忽略营业，可是我们尤其不忽略书业与文化的关系，服务上编辑上都特别着眼在文化：这就是我们的稳重之点。照常理说，这样的稳重也只是做人做事的应有条件，不见得怎么稀罕，然而现在社会上能够具备这应有条件的并不怎么多，因而人家觉得我们这样的稳重似乎难能可贵了。……

1947 年 1 月 16 日发表

原题《努力》

（选自《叶圣陶集》18 卷，此为文中一部分，江苏教育出版社 1994 年版）

023

谈谈开明书店

叶圣陶

开明是一个私营的书店，当然要赚钱的，现在叫做讲求经济效益，不赚钱而蚀了本，书店就办不下去，就要关门，还谈得上什么有发展，但是开明不光为赚钱。我们有所为有所不为：有所为，就是出书出刊物，一定要考虑如何有益于读者；有所不为，明知对读者没有好处甚至有害的东西，我们一定不出。这样做，现在叫做考虑到社会效益。我们绝不为了追求经济效益而不顾社会效益，我们决不肯辜负读者。开明书店的读者主要是青年和少年，因而我们认为，我们的工作是教育工作的一个组成部分，一个不可缺少的重要的组成部分。我们做的工作就是老师们的工作。我们跟老师一样，待人接物都得以身作则，我们要诚恳地以平等的态度对待我们的读者，给他们必要的条件，让他们成长为有益于社会的人。我们当时的确是用这样的准则来勉励我们自己的。

（节选自 1985 年 10 月 19 日在开明书店创建 60 周年纪念会上的讲话，见《叶圣陶出版文集》，中国书籍出版社 1996 年版）

出版史料和出版事业

叶圣陶

出版事业的教育效果怎样，在表册账簿里是看不出来的，得看对读者的影响怎么样；而影响又不是一年半载就能检查明白的，总要经过较长的时间才看得清出版物对读者的见识和思想究竟有益还是有害。所以出版事业首先要抓紧撰著编辑这一环，不惮斟酌再三；不厌屡易其稿，务求做到尽可能的完善；同时对排版、印刷、装订、发行等工作也决不放松一丝半毫，这才能够不断发展，日益昌盛。

（节选自《叶圣陶出版文集》，中国书籍出版社 1996 年版）

邹韬奋

邹韬奋(1895～1944)，祖籍江西余江，生于福建永安。原名恩润，笔名韬奋。1921 年上海圣约翰大学毕业后，应黄炎培之邀，任中华职业教育社编辑股主任，主编《教育与职业》月刊。1926 年接任《生活》周刊主编。"九一八"事变后，投入抗日救亡运动。他主编的《生活》周刊，发表了大量宣传抗日爱国反帝的文章。1932 年创办生活书店，出版大量进步书刊。1933 年加入中国民权保障同盟。后受国民党迫害，被迫流亡国外，曾先后到英、美、苏等国进行考察。1935 年回国后，先后在上海、香港创办《大众生活》、《生活日报》等，继续宣传抗日。1937 年在上海创办《抗战》三日刊。1938 年在重庆主编《全民抗战》，继续宣传抗日。1941年 2 月被迫去香港，恢复《大众生活》周刊。1942 年 1 月，转入广东东江游击区，11 月到达苏中抗日根据地，1944 年 7 月在上海病逝。

邹韬奋是一位伟大的爱国主义者、著名社会活动家。他一生热爱祖国、热爱人民，在他病危之际还发出全国坚持团结抗战，建立独立自由的新中国的誓言，并要求加入中国共产党。中共中央接受他的申请，逝世后追认他为中国共产党党员。毛泽东等为邹韬奋题词，高度评价其一生。

邹韬奋是一位杰出的新闻工作者和著名编辑出版家。他一生创办多种报刊并创办生活书店，倡导出版工作"永远立于大众立场"、"竭诚为读者服务"。他在编辑工作中严谨认真、高度负责的精神为后人的楷模。

其主要著作收入《韬奋全集》(14 卷)中。

大报和小报

邹韬奋

　　近来"小型报纸"盛极一时，推想原因，最主要的是由于所谓大报的一天一天地在堕落。于是小报应实际的要求而大报化，结果小报有进步而大报反而退步。

　　在大报上，很难找到中肯的评论和重要的消息——倘若不说完全没有的话。现在读者的知识和眼光实较前大有进步，不痛不痒的敷衍的话语，编辑杂乱内容空虚的新闻，已不能满足读者的希望了。报纸究竟是社会上推动文化的事业，虽为维持经济的自立生存，不得不有广告上的相当收入——至少在现在的社会里——，但我国的大报过于营业化，却是一件无可为讳的事实，简直是广告报！报价并不因广告之多而特别减低，国民的购买力既每况愈下，费了许多钱买着一大堆广告报，反而不及费较低的价钱买一份小型报纸看看。尤其可怪的是竟将特刊的地位当广告卖，大发行其"淋病专号"，满纸"包茎之害"，"淋病自疗速愈法"，替"包茎专家"大做广告，替"花柳病专家"大吹牛，"一经着手，无不病根悉除"，"方法之新颖，手段之老到，可谓无出其右"，于每篇文字下面还要用"编者按"的字样，大为江湖医生推广营业，好像报馆所要的就只是钱，别的都可不负责任。在这方面真打破了各国报纸的新纪录！为全世界著名报纸所不及！关于评论和新闻方面，也许还有一部分可推在环境的压迫上面，但是大出其"淋病专号"的盛举，却不能说是受着那一方面的压迫了。

　　关于社会新闻，有一个时期最热闹的是集中于"美人鱼"，最近又转着视线到"蝴蝶结婚"了。尤其是副刊的文字，更是无微不至。提倡体育和艺术，重视运动家和艺人，原是好事情，但是注意点另有所在，却又是另一回事了。因为是女性的关系，却特别注意到是否她的"肚皮"所促成！这不是敬重运动家和艺人，却是大大地侮辱了运动家和艺人了。我们如真是敬重运动家和艺人，看了这样的侮辱，只有感觉到愤怒，不平！这当然也有社会的背景，因为这是没落的布尔乔亚的无聊的低级趣味的表现！

小型报纸虽还未能尽满人意，但较所谓大报和在从前专门谈风月的小报，却有很显著的进步。例如注重白话文的运用，新闻材料的重新改写(撮取精要，扫除渣滓)，有的更注意于政治、经济和文化方面的消息和讨论。

但是缺点也还是有的。有的还不免上面所说的低级趣味的弊病，有的甚至凭空捏造，毁谤诬蔑，把新闻记者的道德完全丧失。目前一部分"小型"依然保持着这种恶劣习性，实无可讳言。我们为着中国文化的前途着想，当然很诚恳地希望这类缺点的消除。

（原载《大众生活》创刊号，1935 年 11 月 16 日）

编译的教训

邹韬奋

我写给黄先生①的信去了之后，他便约我去谈了一次，并向我取去了几本"约翰声"。这是约翰出版的月刊，我在约翰就学的时候的中英文的作品，在这里面都可以看到一部分。后来他曾经向穆先生和当时在申报馆营业部服务的一个约翰同学调查我的为人。他们的回答是对我有了好评。不久黄先生便根据他的考察研究，决定请我到中华职业教育社去担任编辑股主任。黄先生请我去是煞费苦心的。以当时职业教育社的经济力量，只能请我担任半天的职务，因为只能出六十元的月薪，我的学费债务还未理清，这是不够我的需要的。他答应还有半天另想办法，这时附属于江苏省教育会里面有个科学名词审查会，由沈信卿先生和俞凤宾医师主持其事，需要一个人编辑已审查过的各科名词。黄先生便介绍我替该会做半天的工作，由此略得补助。所以我上半天替职业教育社编译"职业教育丛书"，下半天替科学名词审查会编辑各科名词；幸而办公的地方都在江苏省教育会的会所里面，所以还算便利。

编辑各科名词，听起来似乎颇为堂皇，其实却只是一种非常机械的呆板的工作。各科的名词草案是已经用铅字印好，订成小册子，用横排的方式，依次列着英、德、法、日文以及中文的译名，不过先后的次序还未依照字母排好。所谓编辑的工作，不过先把这册子里的名词裁成字条，分成顺序。一条一条地贴入一本空白的纸簿上，以备排印。这工作显然是很机械呆板的，只是要多费些时间罢了。我一时没有别的较有意

① 黄先生，指黄炎培先生（编者注）。

031

义的事做，也只好接受下来，幸而还有半天的编辑丛书职务，比较还可以调剂调剂。就是这种机械呆板的工作，我既已接受下来，却也认真地干。例如字母的前后不要弄错，各条的名词裁下之后，贴时不要有所遗漏，半天的工作不要有间断。

我辞去交易所的职务，并不是为着编辑名词的事，却是为着另外半天的编辑丛书的事情较有意义。当时我在职业教育社所主持的事有两种：一种是职业教育社所出版的月刊，名叫"教育与职业"，还有一种便是编辑"职业教育丛书"。此外每半年编写一册关于中国职业教育的英文小册子，寄往各国教育机关作宣传之用。为着要编译"职业教育丛书"，我替职业教育社定购了关于这方面的英文参考书几十种。我记得第一本编译的书是"职业智能测验"，以贾伯门博士（Dr. Chapman）著的"Trade Test"做主要的根据。编译专书，这在我是破题儿第一遭，但是就得到一个很大的教训。我这时只译过一本杜威著的"民治与教育"，对于编译书还没有过什么经验。我只依据着英文书的内容和顺序，依样画葫芦似的把它翻成中文，用足劲儿译成了三万多字，给黄先生看看。在我自问是很卖力的了，可是黄先生第二天却拿着我的译文，跑到我的桌旁，对我所编译的文字作诚恳而严格的批评。他所指出的要点是：我们编译这本书的时候，不要忘却我们的重要的对象——中国的读者。我们要处处顾到读者的理解力，顾到读者的心理，顾到读者的需要，而我所已写成的东西在编法和措辞方面都依照英文原著，合于英美人胃口的编法和措辞，未必即合于中国读者的胃口。我在那刹那间好像背上浇了一大盆的冷水；老实说一句，觉得一肚子的不高兴，尤其是因为很努力地编译了三万多字。但是黄先生的话却有很充分的理由，尤其是他指导青年时候那种心平气和、轻声解释的诚恳态度，使我发不出脾气。我接受了他的批评，从头写过，写完了一万字就给他看，并把全书的纲要也写出来给他看。这一次的结果和上次同样地出于意外，虽则是在两极端的相反。他看后大加称赞，不但他自己欣赏，立刻还交给沈信卿先生看，沈先生看了也大加鼓励。

我应该老实承认，我对于职业教育并没有怎样浓厚的兴趣（这当然不是说职业教育的不重要，也不是说我看不起职业教育，我只是就我自己的工作兴趣说罢了）；可是黄先生给我的这个教训，却很有益于我以后的

032

著作方法，很有助于我以后办刊物的技术。所以我特把这件事提出来谈谈。我认为这是有志著述的人们最要注意的一个原则：在写作的时候，不要忘记了你的读者。

（选自《韬奋文集》第 3 卷，生活·读书·新知三联书店 1955 年版）

033

聚精会神的工作

邹韬奋

现在请再回转来谈谈"生活"周刊。

关于"生活"周刊，我在《萍踪寄语》初集里也略为谈到，也许诸君已知道大概了。这个周刊最初创办的时候，它的意旨和后来的很不相同，只是要传播传播关于职业教育的消息罢了。当时我对于这件事并不感到什么兴趣，甚至并不觉得这周刊有什么前途，更不知道我和它后来会发生那样密切的关系。在事实上当时看的人也很少。大概创办了有一年的光景，王志莘先生因入工商银行任事，没有时间兼顾，职业教育社因为我原担任着编辑股主任的事情，便把这个周刊的编辑责任丢在我的身上。我因为职务的关系，只得把它接受下来。当我接办的时候，它的每期印数约有二千八百份左右，赠送的居多，所以这个数量并不算多。我接办之后，变换内容，注重短小精悍的评论和"有趣味、有价值"的材料，并在信箱一栏讨论读者所提出的种种问题。对于编排方式的新颖和相片插图的动目，也很注意。所谓"有趣味、有价值"，是当时"生活"周刊最注重的一个标语。空论是最没有趣味的，"雅俗共赏"的是有趣味的事实。这些事实，最初我是从各种英文的刊物里搜得的。当时一则因为文化界的帮忙的朋友很少很少，二则因为稿费几等于零，职业教育社同人也各忙于各人原有的职务，往往由我一个人唱独脚戏。最可笑的是替我自己取了六七个不同的笔名，把某类的文字"派"给某个笔名去担任！例如关于传记的由甲笔名专任，关于修养的由乙笔名专任，关于健康的由丙笔名专任，关于讨论的由丁笔名专任，关于小品文的由戊笔名专任，以次类推。简单说来，每个笔名都养成一个特殊的性格。这倒不是我的万能，因为我只能努力于收集合于各个性格的材料，有许多是由各种英文刊物里搜得的。搜求的时候，却须有相当的判断力，要真能切合于读者需要的材料。把材料搜得之后，要用很畅达、简洁而隽永的文笔译述出来。所登出的材料往往不是整篇有原文可据的译文，只是把各种相关联的材料，经过一番的消化和组织而造成的。材料的内容，仅有"有趣味"的事实还不够，同时还须"有价值"。所谓"有价值"，是必须使人看了在"进德修业"上得到多少的"灵感"（Inspiration）。每期的"小言论"虽仅仅数百字，却是我每周最费心血的一篇，每次必尽我心力就一般读者所认为最该说几句话的事情，发表我的意见。这一栏也最受读者的注意；后来有许多读者来信说，他们每遇着社会上发生一个轰动的事件或问题，就期待着看这一栏的文字。其次是信箱里解答的文字，也是我所聚精会神的一种工作。我不敢说我所解答的一定怎样好，但是我却尽了我的心力，有时并代我请教我认为可以请教的朋友们。

除了"唱独脚戏"的材料外，职业教育社的几位先生也常常做些文章帮忙。在这个初期里，毕云程先生做的文章也不少。关于国外的通讯，日本方面有徐玉文女士，美国方面有李公朴先生，都是很努力的。以上大概是最初两三年间的情形。

035

我对于搜集材料，选择文稿，撰述评论，解答问题，都感到极深刻浓厚的兴趣，我的全副的精神已和我的工作融为一体了。我每搜得我自己认为有精彩的材料，或收到一篇有精彩的文字，便快乐得好像哥仑布发现了新大陆似的！我对于选择文稿，不管是老前辈来的，或是幼后辈来的，不管是名人来的，或是"无名英雄"来的，只须是好的我都要竭诚欢迎，不好的我也不顾一切地不用。在这方面，我只知道周刊的内容应该怎样有精彩，不知道什么叫做情面，不知道什么叫做恩怨，不知道其他的一切！

…… ……

（选自《韬奋文集》第 3 卷，生活·读书·新知三联书店 1955 年版）

一个小小的过街楼

邹韬奋

从上次所谈的情形，已可看出"生活"周刊的创办并没有什么大宗的开办费。寥若晨星的职员三个，徐先生月薪二十几块钱，孙先生月薪几块钱，我算是主持全部的事业，月薪最多的了，每月拿六十块钱。我还记得当时在辣斐德路一个小小的过街楼，排了三张办公桌就已觉得满满的，那就是我们的编辑部，也就是我们的总务部，也就是我们的发行部，也就是我们的广告部，也就是我们的会议厅！我们没有大宗的经费，也没有什么高楼大厦。我们有的是几个"患难同事"的心血和努力的精神！我们有的是突飞猛进的多数读者的同情和赞助！"生活"周刊就在这种"心血"、"努力"、"同情"和"赞助"所造成的摇篮里长大起来的。

我永远不能忘记在那个小小的过街楼里，在几盏悬挂在办公桌上的电灯光下面，和徐孙两先生共同工作到午夜的景象。在那样静寂的夜里，就好像全世界上只有着我们这三个人；但同时念到我们的精神是和无数万的读者联系着，又好像我们是夹在无数万的好友丛中工作着！我们在办公的时候，也往往就是会议的时候；各人有什么新的意思，立刻就提出，就讨论，就议决，就实行！孙先生是偏重于主持会计的事情，虽则他对发行方面也很努力。徐先生是偏重于营业和广告的事情，虽则他在总务方面也很重要；在编辑方面他常用"吟秋"的笔名作些漫画凑凑热闹，因为他不但在营业和广告方面富有创造的天才，而且也对于美术具有深切的兴趣。我的工作当然偏重于编辑和著述方面。我不愿有一字或一句为我所不懂的，或为我所觉得不称心的，就随便付排。校样也完全由我一人看，看校样时的聚精会神，就和在写作的时候一样，因为我的目的要使它没有一个错字；一个错字都没有，在实际上也许做不到，但是我总是要以此为鹄的，至少能使它的错字极少。每期校样要三次，有的时候，简直不仅是校，竟是重新修正了一下。讲到这里，我还要附带谢谢当时承印我们这个周刊的交通印刷所，尤其是当时在这个印刷所里服务的张铭宝先生和陈锡麟先生。他们不但不怪我的麻烦，而且都成了我的好朋友。

　　读者一天天多起来，国内外的来信也一天天多起来。我每天差不多要用全个半天来看信。这也是一件极有兴味的工作，因为这就好像天天和许多好友谈话，静心倾听许多读者好友的衷情。其中有一小部分的信是可以在周刊上公开发表和解答的，有大部分的信却有直接答复的必要。有的信虽不能发表，我也用全副精神答复；直接寄去的答复，最长的也有达数千字的。这虽使我感到工作上的极愉快的兴趣，乃至无上的荣幸，但是时间却渐渐不够起来了，因此只得摆脱一切原有的兼职，日夜都做"生活"周刊的事情，做到深夜还舍不得走。我的妻有一次和我说笑话，她说："我看你恨不得要把床铺搬到办公室里面去！"其实后来纵然"把床铺搬到办公室里面去"也是来不及的。后来最盛的时候，有五六个同事全天为着信件的事帮我的忙，还有时来不及，一个人纵然不睡觉也干不了！

　　…… ……

（节选自《韬奋文集》第 3 卷，生活·读书·新知三联书店 1955 年版）

几 个 原 则

邹韬奋

　　现在有些朋友想起办刊物，往往联想到"生活"周刊，其实"生活"周刊以及它的姊妹刊"新生"、"大众生活"、"永生"、"生活星期刊"，都是有它们的特殊时代的需要，都各有它们的特点。历史既不是重复，供应各时代的特殊需要的精神粮食，当然也不该重复。但是抽象的原则，也许还有可以提出来谈谈的价值，也许可以供给有意办刊物的朋友们一些参考的材料。

　　最重要的是要有创造的精神。尾巴主义是成功的仇敌。刊物内容如果只是"人云亦云"，格式如果只是"亦步亦趋"，那是刊物的尾巴主义。这种尾巴主义的刊物便无所谓个性或特色；没有个性或特色的刊物，生存已成问题，发展更没有希望了。要造成刊物的个性或特色，非有创造的精神不可。试以"生活"周刊做个例。它的内容并非模仿任何人的，作风和编排也极力"独出心裁"，不愿模仿别人已有的成例。单张的时候有单张的特殊格式；订本的时候也有订本的特殊格式。往往因为已用的格式被人模仿得多了，更竭尽心力，想出更新颖的格式来。单张的格式被人模仿得多了，便计划改为订本的格式；订本的格式被人模仿得多了，便计划添加画报。就是画报的格式和编制，也屡有变化。我们每看到一种新刊物，只要看到它的格式样样模仿着别人的，大概就可以知道它的前途了。

　　其次是内容的力求精警。尤其是周刊，每星期就要见面一次，更贵精而不贵多，要使读者看一篇得一篇的益处，每篇看完了都觉得时间并不是白费的。要办到这一点，不但内容要有精彩，而且要用最生动、最经济的笔法写出来。要使两三千字短文所包含的精义，敌得过别人的两三万字的作品。写这样文章的人，必须把所要写的内容，彻底明了，彻底消化，然后用敏锐活泼的组织和生动隽永的语句，一挥而就。这样的文章给与读者的益处显然是很大的：作者替读者省下了许多探讨和研究的时间，省下了许多看长文的费脑筋的时间，而得到某问题或某部门重要知识的精髓。

再其次，要顾到一般读者的需要。我在这里所谈的，是关于推进大众文化的刊物（尤其是周刊），而不是过于专门性的刊物。过于专门性的刊物，只要顾到它那特殊部门的读者的需要就行了；关于推进大众文化的刊物，便须顾到一般大众读者的需要。一般大众读者的需要当然不是一成不变的，所以不当用机械的看法，也没有什么一定的公式可以呆板地规定出来。要用敏锐的眼光、深切的注意和诚挚的同情，研究当前一般大众读者所需要的是怎样的"精神粮食"，这是主持大众刊物的编者所必须负起的责任。

最后我觉得"独脚戏"可以应付的时代过去了。现在要办刊物，即是开始的时候，也必须有若干基本的同志作经常的协助。"基本"和"经常"在这里有相当重要的意义。现在的杂志界似乎有一种对读者不很有利的现象：新的杂志尽管好像雨后春笋，而作家却仍然只有常常看得到他们大名的这几个。在东一个杂志上你遇见他，在西一个杂志上你也遇见他。甚至有些作家因为对于催稿的人无法拒绝，只有一篇的意思，竟"改头换面"做着两篇或两篇以上的文章，同时登在几个杂志上。这样勉强的办法，在作家是苦痛，在读者也是莫大的损失，是很可惋惜的。所以我认为非有若干"基本"的朋友作"经常"的协助，便不该贸贸然创办一个新的杂志。当然，倘若一个作家有着极丰富的材料，虽同时替几个杂志做文章，并没有像上面所说的那样虚耗读者的精力和时间的流弊，那末他尽管"大量生产"，我们也没有反对的理由。

还有初办刊物的人，往往着急于销路的不易推广。当然，发行的技术和计划也是刊物的一个重要部分，我们不得不承认这方面也应加以相当的注意。但是根本还是在刊物的内容。内容如果真能使读者感到满意，或至少有着相当的满意，推广的前途是不足虑的。否则推广方面愈用工夫，结果反而愈糟，因为读者感觉到宣传的名不副实，一看之后就不想再看，反而阻碍了未来的推广的效能。

（选自《韬奋文集》第 3 卷，生活·读书·新知三联书店 1955 年版）

种 种 尴 尬

邹韬奋

　　我们在香港办报，因为当地的新闻检查有他们的特点，我们还不感觉得怎样大的妨碍，至少和"半殖民地"的情形比较起来，我们还可以多说几句话，多得到一点言论自由，多登出一点真确的消息。我们毫无意思要歌颂殖民地的新闻检查制度，尤其看到他们对于西文的报纸不检查，专对中文的报纸为难，更显出不公平；至于我们立于报人的立场，根本反对新闻检查制度，那是不消说的。不过我们看到"半殖民地"比殖民地更不如，却不胜其慨叹！

　　我们在香港尤其感到困难的却是印刷业的落后。我们虽未曾普遍调查，但是想到承印我们日报的那家印刷所的工作情形，至今还忘记不了那种麻烦！那里是用包工制的，我们很郑重地和工头约法三章，什么时候交稿，什么时候看校，什么时候拼版，……他都一一答应；但是每次都不按照所规定的时间；报纸应该可以在早晨六点钟出版的，他们往往替你延展到八点钟、九点钟！屡次交涉，屡次无效。编辑先生惨淡经营地把新闻这样排，那样排，排得自己认为可以了，第二天早晨翻开报来一看，他排在那里的，现在却发现在这里，大搬其场！有的时候在当夜就被编辑先生发觉，叫他们照规定的样子排过，他们愤然很不客气地说："你就拿出一万块钱来，我们还是不改！"我们和他们讲理，他们说："我们香港的工人就是这样的。上海的工人顶括括，我们是比不上他们的。"

　　校样上的错字，校对先生改正之后拿去，他们随意替你改排几处，随意替你留下几处不改，马马虎虎打一张清样交还你。校对先生在二校上又一一改正，他们又这样"随意"之后，再马马虎虎打一张清样交还你。

所以校对先生"埋头苦干"了三校、四校，还是东一个错，西一个错。真是所谓焦头烂额！有一天"前进"一栏里有一篇文章，校样上缺了许多字，在空字地位填着许多黑而且粗的双杠，第二天早晨原样印出，使人硬着头皮读下去还不懂。该栏编者柳湜先生在"留别南中国朋友"那篇短文里，所谓"错字，缺字，更弄得编者掉泪，作家痛心！"并不是无病呻吟，确能反映我们当时的愤慨心理。"生活日报星期增刊"有一期上登一个启事，劈头是"'生活日报'自二十五年八月一日起，迁移下海，"我们要搬回上海，他们却一定要请你"下海"！

你在香港出版的各日报上，往往可在大标题里面忽然看到镶着一个小小的字体！尤其可笑的是缺少"懂"字，就印上"董"字，下面加个括弧注道："加心旁"；或一时找不着"铲"字，就随便印上"产"字，下面也加个括弧注道："加金旁"，好像什么"十三经注疏"似的！这种独出心裁的新奇花样，确是我们在上海的时候所梦想不到的。你要方头字的地方，他们替你夹入一两个普通铅字；你要用普通铅字的地方，他们却替你夹着一两个方头字进去！

种种尴尬，我们和工头交涉，他总是很慷慨地给我们以空头支票，于是我们不得不和那个公司的经理先生麻烦。我往往在半夜三更或天刚刚亮的时候，打电话去和他噜苏。虽承他很客气地样样答应，但是结果还是一样糟！

我们真弄得没有办法！自己没有印刷机，要掉换一家印，根本没有！我们起初也不知道印刷工人们为什么那样不讲理，后来仔细打听，才知道工人们在那样严酷榨取之下，失却他们的理性，却也是可以原谅的。他们每天要做十六七小时的工！每夜要干到深夜四五点钟，第二天早晨十点钟起来，十一点即开工，一两小时后吃午饭，饭后继续干着，下午五点钟晚饭，晚饭后就一直又要干到四点钟。睡的时候就随便七横八竖地躺在铅字架子下面睡，吃的时候也在那里。（每月工资最多的是二十四元。）这样一天到晚，昏天黑地做着苦工，怎怪他们一看见稿件来就要开口骂你几句？你还要讲究这样，改良那样，当然要被他们痛骂一顿。听说那个工头不但擅长于榨取，而且惯于克扣工资，有好几个姘头，还吸上鸦片烟瘾。我们屡次要求这工头改善那些工人的生活，他的坚决的回答是："香港的工人都是这样的！"陶行知先生的"一个地方的印刷工人生活"那首诗，就是听我们谈起这些工人的情形才写的，什么"做了八点钟，再做八点钟。还有八点钟，吃饭，睡觉，撒尿，出恭。"他在这首诗里又说："机器冬冬冬，耳朵嗡嗡嗡，脑壳轰轰轰。'再拿稿子来，操他的祖宗！'"确是纪实之作。

（选自《韬奋文集》第 3 卷，生活·读书·新知三联书店 1955 年版）

艰苦困难中奋斗

邹韬奋

　　第一，我们应该以坚决的意志和镇定的心情，在艰苦困难中奋斗！我们深信我们所努力的文化事业，对于整个中华民族是有着重要的贡献；我们每一个同事都是这重要的集体事业中不可少的一员；我们彻底认识这是值得我们共同努力的——值得我们含辛茹苦而无所怨怼的。我们有了这个信仰和认识，任何艰苦困难，都不致使我们消极，使我们灰心。我们要知道，也许可以说不要忘却，本店从他呱呱堕地的时候起，就一直在艰苦困难中向前进展着。我们如果仅看到本店事业有今日的发达与影响，而却没有看到本店从开始就一关又一关地克服困难，不怕艰苦，那就是大错而特错！

　　第二，我们要能够在艰苦困难中奋斗，最重要的是下决心不怕麻烦。环境愈困难，办事愈麻烦，这是必然的。尤其是有些事情，我们明明是很坦白，却有人硬要误会我们，解释一次，不得谅解，解释两次又不得谅解，最易使人冒火。但是冒火绝不是解决事情的好办法，而且冒火绝不能解决事情。我们必须把这一道火压下去。使蓄在心头一触即发的烦躁情绪受理智的控制，不怕麻烦！我们为共同努力的集体事业，就是受尽麻烦，也应该用诸葛亮"鞠躬尽瘁，死而后已"的精神来对付。

　　第三，我们要不怕在艰苦困难中奋斗，不是蛮干，不是不讲技术地干。我们共同努力于中华民族的文化事业，是光明磊落的事情，毫无其他作用，丝毫没有不可告人的地方。但是我们在作风方面，在办事的技术方面，甚至在言语文字的表现方面，如果有足以引起外人误会的地方，如果发现有失于检点的地方，我们还是要虚心地缜密地检讨，根据检讨

043

的结果，加以迅速的纠正。我们固然不怕困难．但是我们不应该自己制造出困难。这不是消极地减少困难，同时也就是积极地争取开展我们文化工作的更好的客观条件。我们要努力求得实际对于文化的贡献，而不该陷在"形式主义"的泥淖中。

（节选自北京印刷学院、韬奋纪念馆编《店务通讯》第 49 号，学林出版社 2007 年版）

胡愈之

胡愈之(1896～1986)，浙江上虞人。原名学愚，笔名伏生、化鲁。1911年入绍兴府中学堂，受到鲁迅的熏陶。1914年考入商务印书馆当练习生。1925年投入上海"五卅"运动，编辑出版《公理日报》，由他撰写了"五卅运动纪实"，报道了这一历史事件。1927年"四一二"反革命政变后，迫于国内白色恐怖，流亡法国，入巴黎大学学习。1931年回国途中对莫斯科进行访问，写出了《莫斯科印象记》。"九一八"事变后，积极宣传抗日，与邹韬奋共同主持《生活》周刊并推动创办生活书店。1933年，由他创办主编了《世界知识》等多种报刊。抗日战争爆发后，他组织大批爱国人士投入抗日救亡运动。在极端困难条件下，组织出版了《西行漫记》，首次组织出版了《鲁迅全集》。1940年赴新加坡开辟海外宣传活动，创办了《南洋商报》。在海外宣传活动中，为团结侨胞，迎接新中国的诞生作出了重大贡献。

新中国成立后，胡愈之历任《光明日报》总编辑，主编《新华月报》，担任国家出版总署署长、文化部副部长等。

胡愈之是一位杰出的政治家、社会活动家、新文化运动的先驱，也是著名的出版家。他是新中国出版工作的开创者。

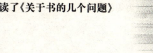

读了《关于书的几个问题》

胡愈之

　　《新建设》三卷四期发表了向达先生所著《关于书的几个问题》这一篇文章。正如作者所说，这篇文章只是从一本书的形态来提问题，这就是和书的印制的形式有关的一些问题，其中并没有涉及"书的内容的好坏"问题。但是在今天，也就是这个书的印制的形式问题，最为我们出版工作者所漠视。因此，向先生在这篇文章里提出了关于这个方面的许多意见，对于出版工作者是极其有益的。

　　从书的内容好坏来说，解放以后，我们的出版界是大有进步了。目前出版的书，一般都比反动统治时代出版的书要严肃得多，要认真得多。黄色的有毒的书刊已经被读者所厌弃，逐渐从市场消失。可是，从形态上来看，我们的出版界却并没有前进，在许多方面还有后退，至少是暂时的后退。目前出版的书，在封面、装帧、排版、插图、校对以及用纸方面，不但停顿着很少改进，而且甚至还比不上抗战前几家大书店所出版的书。

　　书籍不讲究形式，是暂时的现象，是有理由可以解释的。首先，在长期的战争和农村的生活环境中，不容许太讲究形式。其次，现在的读者群已经有了改变，书籍不再成为少数有闲阶级的赏玩品，而成为人民大众的精神食粮了。一方面书的需要量增加，另一方面读者的购买力低。所以出版家只求减低印制成本，大量供应，不能从书的精制和美观这方面去考虑。

　　除了这些原因以外，还有另一个重要原因，那就是我们的出版工作者，只重视书的内容，几乎完全忽略了书的形式。一部分出版工作者机械地理解出版工作的政治任务，就以为书的印制的好坏，装帧的美观，校对的正确等等，是纯粹技术问题，是不值得重视的。

形式真是不值得重视吗？完全不然。形式对内容是有反作用的。诚如向先生所说："读者看一本书，往往可因封面等等设计不好，便减少了对一本书看下去的勇气。读者对于一本书的封面印象好，就是对于一本书的全体最初印象好。"

完全对。一本好书，应当是一件完整的艺术品。一本好书，一定是思想内容，文字插图，标点行格，排版式样，封面装帧都是配合得很匀称，很恰当的。书的内容和形式要能求得一致，表达出一本书的独特的风格，这样才真正算得一本好书。

相反地，一本很有价值的著作，却排印得很坏，校对得很马虎，封面、插图等等和书的内容都不相称，这是糟蹋了那本著作的本身，侮辱了那本书的作者，同时对读者是采取了不负责的态度。

鲁迅对于自己的著作和有些朋友的著作，总是爱自己校对，自己设计封面装帧，在书的形式上头，他是从不马虎的。苏联的书评杂志介绍每一本新书，总是把书的封面图案制成铜版刊出，也为的是重视一本书的装帧上的风格。

不但每一本好书都应当有它的独特的风格，每一个认真的出版家，对于所出版的书的形式，一般都保持一种他所特有的风格。甚至可以说，每一个具有高度文化的民族，所出版的书在形式方面都有独特的民族风格，也就是书的民族形式。

我们并不主张保持书的旧民族形式——线装书的形式。可是我们必须从现在起，创造一种书的民族新形式。这就是说版本式样，标点行格，插图装帧，甚至纸张印墨，都要有一定的规格，并且要符合于中国人民所习惯的一种情调，而不是随便模仿外国书的式样而又没有模仿好。

话扯得太远了。我的意思无非是希望我们出版工作者对于书的印制的形式要多加注意，力求改进。因此，向先生这篇文章，在这一方面，对于我们出版工作者，确实是有启发作用的。

向先生所提出的问题，有许多是出版总署应当负责的。我现在对这些问题，说一些意见，请向先生指正，同时也供全国出版工作者参考。

关于封面，我完全同意向先生的看法。封面图案设计要配合书的内容，也正像衣服要配合人的身段。我们的编辑工作者往往不大关心封面设计，我们的艺术家也往往不把设计封面图案和插图当作一件重要的艺术工作。这种情形不纠正过来，书的封面总难得搞好。不但封面要有适当的图案设计，封面上的题目字体也不应当马虎。有的书，封面上印的图案字，甚至一时不容易认出来，这完全要不得。

当然，封面、装帧和印刷，不应当只是求美观，不注意到实用和经济。为了读者大众的利益，书的印制要适合于实用，并且不太花费，这是必要的。但是照顾到实用和经济，仍然是可做到美观的，美观有时也不一定要花费钱才做得到。

版权页应有一定格式，著者、译者姓名、译著的原书名。特别是版本的来源（初版或重版），出版的年月，必须详细标明。这一层，去年全国出版会议已作出了决议。近来出版的新书，大部分也已经执行了这一决议。最近发现解放后重版印行的旧书在版权页上有故意印作初版的，使读者误认为是解放后编印的新书。希望出版家注意，如有这一类的事，应声明改正。

关于书的行格和字体大小，确实有像向先生所说的情形，由于出版家要减低成本，所以字体越来越小，行格越来越密，不但有失美观，而且损伤青年和儿童的目力。苏联出版书籍，字体行格有一定的规格。出版总署正在研究，准备按书籍的性质、对象，分别规定所用的字体和每页的行格字数。至于在版权页上标明校对者姓名这件事，以前商务印书馆曾有此办法，是值得提倡的。

书籍用纸的问题在一二年内还不容易解决。我们现在还是要用单面光的极粗糙的新闻纸来印书。这是由于我们的造纸工业还没有充分发展，纸质差而成本高。假如我们大量输入外国纸，本国造纸工业就永远不能发展了。所以目前在用纸方面只得暂时忍耐。至于向先生提议专门著作和比较可以流传久远的书，除普及本外，应另印少数精装本，以供藏书家和图书馆的需要，这一建议很好，希望出版界采纳。

向先生希望封面应当用较厚的纸，装订应当结实，为的是可以延长书的寿命。这很对。我国的装订技术太落后了，一般图书都是用铁丝订成，这不但容易脱落，而且不便于翻阅。向先生主张不用铁丝而用别种金属丝订，这也还不是解决的办法。要使装订坚固，不易脱页，只有用中键穿线装订法。我国现在在这一方面的机器设备不够，技术工人太少。希望一般印刷厂多购置穿线订书机，多训练一些穿线订书的技术工人。

目前书的广告确实要改进。不但报纸刊物上可以登书的广告，在书店里和许多公共场所也应当有书的广告。单是一个书目是不够的，一定要加上简短的内容说明。别的国家的图书广告常引用书评中的文字，这个方法，我们也可以采用。

编印出版新书总目录这件事，出版总署已在做了，1950 年总目录希望在春季内编成出版。

书评中应当注明全书的页数、版次和价目，我们很赞成，希望全国书评作者和发表书评的报刊注意。我们要求全国报刊都设书评栏，使书评工作成为联系作者、出版者和读者的主要桥梁。关于这一点，出版总署和新闻总署预备最近发出一个专门指示，在这里附带提一下，希望全国报刊尽可能迅速实行。

向先生还提议每一本书印出后，附入一张横排的书名纸片，印上书名、作者姓名、页数、版次等等，以供图书馆用作书目卡片。这个建议很好。困难是目前图书馆分类方法还没有统一，如由各出版家自己去印书名纸片，大小式样及项目排列都不会一致，因此对于图书馆用处不大，而对于一般读者却未必需要。在苏联，全国图书馆书目卡片是由中央图书馆统一编制印出，发售给各图书馆的，对于图书馆工作帮助很大。这个工作，国立北京图书馆已经在着手做了。

（原载 1951 年 1 月 21 日《人民日报》）

一次冒险而成功的试验

——一九三八年"复社"版《西行漫记》翻译出版纪事

胡愈之

　　一九三七年八一三前后，上海成为前线。上海人民抗日情绪很热烈，很多外国记者来到上海采访抗日消息。国民党反动政府当时被迫抗日，在上海搞了个文化界救亡协会，由潘公展主持。为了装点门面，也请我们的同志参加。在这以前，抗日救亡是被禁止的。现在国民党不得不抗日了，要想欺骗群众，就成立救亡协会。救亡协会与救国会名称差不多，一般群众不易识别。而实际上救国会的沈老等人当时还在狱中。这个救亡协会成立不到二个月，十月间，国民党军队从淞沪撤退，也就无形解散了。但是由中国共产党和救国会人士所组成的地下抗日团体依然存在。

　　救亡协会成立后，我们决定参加进去。他们不让我们搞国内宣传，我们就想了一个办法，在救亡协会下面成立一个国际宣传委员会，专门对外国记者发布消息，由我们掌握。我是这个委员会的负责人。每天下午三时，在上海国际饭店楼顶召开茶话会，招待外国记者。上海的中国报纸的总编辑也参加。会上我们请国民党部队的代表来报告战讯，公布消息。当然，他们都是吹牛，没有什么真实的报道，外国记者也不感兴趣。那么我们怎么做工作呢？我们把从当时秘密的中共临时办事处(即八路军办事处的前身)那里得到及听到的军事消息，编成文稿，立即译为英文，印成单张。等到国民党部队的代表一讲完，我们就把这材料分送给记者，他们非常欢迎。通过这办法，我认识了很多外国记者。

　　我同斯诺也就是这么认识的。当时斯诺的公开身份是燕京大学教授，由于北京沦陷，他来上海当记者，替英美报刊写稿。我知道他住的地方离我家不远，就常去看他。他对我说他去过陕北，还给我看过许多照片。

051

有一天他说，刚得到英国航空寄来他的一本著作的样本。外国出版社有规矩，要把印出的第一本样书送给作者审查，所以这在当时是很难得的。我就向他借阅。他答应了，但说他也只有一本，看完还给他。这就是后来闻名世界的《西行漫记》英文原本。

我回家读了这本书，发现真是一本难能可贵的著作。但我不知道斯诺这个人的底细，说的是否可靠，就找上海中共临时办事处刘少文同志了解。刘少文同志是从陕北来的。他说，有这回事，斯诺确实到了陕北，毛主席亲自接待他，谈了很长时间。毛主席有个把月时间每天找斯诺谈，谈完后，斯诺把英文记录整理出来，再由人译成中文送毛主席改定。刘说，斯诺这人可以相信，对我们确是朋友态度，这本书也是可以译的。于是我决心组织力量把它翻译出版。

当时上海租界号称"中立"，各种具有革命或抗日倾向的书都不能出。大出版社都已迁往内地，抗日团体已转入地下。因此，出书很困难。当时，我们有些同志组织了一个"星二座谈会"，每星期二在上海八仙桥青年会地下室餐厅集会，讨论研究抗日宣传问题。我在这个会上提出了出这本书的问题，大家都同意，就由参加座谈的同志分别承译。我们当时都认识到，翻译这本书很重要，因为自从我们党长征以后，一般群众已不大知道党的情况，国民党又拚命造谣。通过斯诺的著作把真实情况报道出去，作用是极大的。

翻译问题解决了，怎么出版呢？决心发动群众自己来搞。大体算了一下，估计出版后定价一元。就征求预订，先交订款一元。一下子就征得了一千本订金，用这款买纸。排印问题是这么解决的：当时商务印书馆内迁了，印刷厂设备有的还没搬走，工人失业了，他们中间有人同我熟，找我要事做。我就请他们印这本书，工人很高兴。我们没钱，工资只好等出书以后付。工人同志真是热情，工作进行得非常迅速。从一九三七年十二月开始翻译，到一九三八年一月出书，前后也不过一个月时间。这说明译者和排印工人都是了解出版这本书的意义的。在翻译的过程中，我们遇到难处理的地方，常常去问斯诺，得到他的帮助。他还给中译本写了序，提供了照片，有些是英文本原来所没有的。书中还有一些译名，是请刘少文同志帮助解决的。

这本书是通过群众直接出版的，但对外总也得要一个出版名义。我临时想了一个"复社"的名义。在书上没印"复社"的地址，实际上它就在我家里。书的发行，也是群众自己办理：先发售购书券，然后凭券取书。这本书初版出后很快销掉，接着再版、二版、三版……，受到意外的欢迎。但它们都没在书店里出售，而是群众自己组织印发的。我于一九三八年一月二十八日在本书中译本前言中说过："这是复社出版的第一本书，也是由读者自己组织，自己编印，不以营利为目的而出版的第一本书。这种由读者自己组织出版的事业，是一种冒险的却是成功的试验。"

这里可以顺便说一下《西行漫记》书名的来历。斯诺的原书名直译过来是《红星照耀中国》，在当时的情况下当然不能照译。我们就改用一个隐讳些的书名。为什么要叫《西行漫记》？因为在工农红军长征以后，关于我们党在西北情况的比较真实客观的报道，只有一本书：范长江同志写的《中国的西北角》。范长江同志当时是《大公报》记者，他跟随国民党部队去了西北，写了一系列关于红军的报道，后来集印为这本书，限于当时条件，不能写得很明显，但是已经很受欢迎了。从此，"西"或"西北"就成了我们党所在地的代称。《西行漫记》这书名，一般人看了就可以联想到我们党。

《西行漫记》出版后不久，一九三八年五月我离开上海去汉口，主要是为了筹集经费准备出版鲁迅全集。但是由于郭老要我参加第三厅的工作一直没回去。我在外面看到《西行漫记》影响很大。香港的出版商翻印了许多，远销南洋，对于华侨起了很大作用。甚至可以说，它的中译本在旧中国起了比英文本更大的作用。

（原载《读书》1979 年第 1 期）

永恒的纪念

——《鲁迅全集》出版始末

胡愈之口述　周健强整理

　　鲁迅先生自一九〇六年在东京弃医从文，三十年来呕心沥血，为唤醒民众留下了数百万字的文学著作，这是珍贵的文化遗产。在他生前，先生曾有意将整理出来的二百五十万字著述，辑成十大本出《三十年集》。但他的书被禁止出版发行，他写的文章只有变换笔名，请人抄过，瞒过检查机关，才得以刊登。就是这样，他的文章还常常被删改得面目全非。为完成鲁迅先生的遗志，继承和发扬鲁迅精神，最好的办法是将他的全部著作编辑出版传之于世。而在那民族危亡的黑暗沉沉的时候，要实现这一壮举，困难是不难设想的。

　　自鲁迅先生逝世后，社会各界纷纷要求出版《鲁迅全集》，许广平先生更是全力以赴，搜集整理先生已出版或未出版之遗稿。关于全集的整理编辑工作，在《鲁迅全集》编校后记中有详尽记述。

　　"溯自先生逝后，举世哀悼。舆情所趋，对于全集出版，几成一致要求……一九三七年春，台静农先生亲临凭吊，承于全集，粗加整理。并约同许寿裳先生商请蔡元培、马裕藻、沈兼士、茅盾、周作人诸先生同意，任全集编辑委员……不料七七卢沟桥事起，一切计划，俱告停顿。去秋先生周年逝世纪念席上，沪上文化界又复以全集出版事相督促。良以敌人亡我，首及文化……出版先生全集，保卫祖国文化，实为急不容缓之事。然庐墓为墟，救死不暇；百业凋敝，谋生日拙；虽有大心，终无善策。而先生以一生心血，从事于民族解放的业绩，又岂忍其久之搁置，失所楷模。"

　　一九三七年十一月十二日上海沦陷以后，租界当局宣布中立，当时确是"百业凋敝，谋生日拙"。公开的抗日活动不能搞，许多人都走了。书店大都搬往内地，印刷厂搬不走，闲着没事做，工人失业，生活困难。商务印书馆也搬走了，印刷厂的工友都认识我，来找我，问有没有书给他们排印。我说书有，但是钱没有。他们说，钱慢一步不要紧，先排印，印出书来卖了就有钱。商务的工友都很好，技术也很好，《西行漫记》最初就是他们排印的。

当时《Red star over China》（《西行漫记》原名《红星照耀中国》）刚刚由伦敦戈兰茨公司第一次出版。作者埃德加·斯诺其时正好在上海。我从斯诺那里最先借来一本看了，觉得很好。这是第一个西方新闻记者冲破严密的新闻封锁，冒了生命危险，进入陕甘宁边区，进行实地采访，搜集的第一手资料，我觉得应该尽快地介绍给我国读者。

当时飘泊在上海租界内的一群抗日救亡人士，每星期二都到青年会聚餐、座谈。大家在一起商量，决定集体翻译、出版发行这本书的中译本。并改用《西行漫记》这个不带政治色彩的书名作中译本书名，以利广泛发行。排印费可以先欠着，没有钱买纸张怎么印书呢？我们还是利用每星期二到青年会吃饭的机会，暗中进行预约推销。定价一元钱一本，想买的先登记付钱，收了钱买纸张；印出来就给书。大概一个月时间就把《西行漫记》印出来了，第一次只印了一千本，很快就卖光了。开始大家不知道是什么书，等知道是写共产党、写延安的，买的人就更多了。仅半年工夫就销了五六版，卖到八九万本。还运到香港、南洋去卖，轰动了华侨所在地。出版发行的名义用"复社"，复社是临时想出来的名字，其实根本算不了什么"社"，"复社"就在我家里。后来我的家因此被巡捕房查抄，但当时我已离开上海。《西行漫记》从翻译到筹集资金出版发行，都是走的群众路线，依靠的是抗日救亡的群众。

有了出版《西行漫记》的经验，有了"复社"的名义，才考虑到用群众力量来出版《鲁迅全集》。

当时上海的形势很紧张，日军随时可能占领租界。鲁迅先生的巨量文稿要是被日本人弄去就麻烦了。搬到国民党地区也不行，鲁迅是密令通缉对象，他的书是被禁止出版发行的！许广平先生为此忧心如焚，大家商量，认为要把这份文化遗产完整地保存下来，只有一个办法，就是出版全集，"纸张寿于金石"嘛！鲁迅先生逝世后，卢沟桥事变前，出版全集的事已找过商务印书馆，因一些问题不能解决，拖延了下来。反动派禁止发行鲁迅的书，一般书店都不敢承印《鲁迅全集》，只能由我们想办法出版。当时纸张很便宜，印刷厂正没工做，排印不成问题，问题还是没有钱。五六百万字的著作，相当于《西行漫记》二十部，印起来困难不说，按成本核算，定价要二十元一部才可不赔钱。二十元买一部《鲁迅全集》，现在看来很便宜，但那时候正打仗，大家都没钱，谁舍得一下子买二十块钱的书呢？又有几个人能掏得起二十块钱呢？我们就把价格降低，定为八元一部，但是这就连工本费都收不回来，谁来掏钱赔本呢？后来想了一个办法，除印八元一部的普及本以外，另印一种精装纪念本，加上一个精刻的木箱，箱盖上刻上"鲁迅全集""蔡元培题"，卖一百元一部，成本二三十元，这样就可以有余补不足。纪念本上海要的人有限，要到各地预售，用"复社"的名义出版发行不行了，就用"鲁迅纪念委员会"的名义，实际只用会长蔡元培和副会长宋庆龄的名字，是专为对付国民党反动派的。那时蔡、宋二位都在香港，我去香港，得到二位的同意，并请蔡老先生写四个字。他写了"鲁迅全集"，落款写上"蔡元培题"。蔡老先生是国民党元老，声望很高，他题签的书，国民党就不能把它怎么样了。困难的是要一百元一部，太昂贵了，只有富人才买得起。而一般有钱的商贾，又不会对《鲁迅全集》有兴趣。有钱人当时多集中在香港、广州、武汉等大城市，我们赶印了预约书券和广告，首先在香港发售预约券，后来到广州、汉口发售。到一地，我们就举行茶话会，清茶一杯，邀请进步的资本家、各界开明人士、乃至国民党要人来参加，并请他们签名购买预售书券。我从香港经广州到汉口时，已卖出近百部。马上把预收书款寄到上海，上海那边马上买纸张印刷，书很快就印出来了。我至今还记得有两个从我手里一次预购十部的国民党人，一个是孙科，一个是邵力子，还有几个一次预购十部的，可惜想不起名字了。

这是一九三八年上半年的事。那时武汉形势还比较好，周恩来同志在那里，武汉八路军办事处也热情帮助。再加国外定购也很踊跃，如美国方面有陶行知先生负责推广介绍，南洋方面有王纪元同志发售预约书券，华南方面有巴金、茅盾等帮助发行，上海本地预购也出人意料地踊跃。致使我们在极短的时间内便筹集了三四万元出版资金。《鲁迅全集》初版分二十卷，共六百余万字。动员了百数十学者、文人以及工友，为全集挥笔、排校，仅用了四个月时间，就把一份丰厚的文学瑰宝送到了广大读者手中，开创了我国出版界的奇迹。而且通过《鲁迅全集》的出版、发行工作，广泛团结了各界抗日救亡人士和群众，使鲁迅精神得以发扬光大，也使我尽了一个学生对自己所敬爱的先生的一点纪念之情。

（原载《纵横》1985 年第 4 期）

在《毛泽东选集》出版庆祝会上的讲话

胡愈之

我记得两年前召开第一次新华书店出版工作会议，那时的新华书店还没有把出版、印刷、发行三部分分开来，毛主席给这个会议题了八个大字："认真作好出版工作"，作为我们出版工作者永远记着的一个座右铭。两年来，出版、印刷、发行工作同志们，是按着这个目标进行的，并作出了一些成绩。可是还有很多不够的地方。这次我们光荣地担任《毛泽东选集》的出版工作，无论从校对、装帧、排版、印制到发行，同志们都是以十分认真和严肃的态度进行工作。可以说，我们的出版印刷发行工作，大大提高了一步，我们工作同志都有了很大的进步，并且这种严肃认真的工作作风在全中国出版事业中树立了良好的模范。我希望从今天起，出版界开辟一个新时代，以后要以这次《毛泽东选集》的出版工作作为标准，不断提高质量，作到十分认真严肃，没有任何错误。

今天我们庆祝这伟大著作的出版，同时，也庆贺我们两年多的工作有了成就，庆贺我们实践了"认真作好出版工作"这一伟大指示。同时希望出版工作的同志们，加强对毛泽东思想的学习。出版《毛泽东选集》的目的是使全中国人民、全世界人民普遍学习和宣传毛泽东思想。我们出版工作者，尤其应当首先加强对毛泽东思想的学习。应当时刻记住：我们是毛泽东旗帜下的革命工作者，毛泽东旗帜下的文化战士，只有不断地学习毛泽东思想，把出版业务和政治任务紧密联系起来，提高政治思想水平，才能把出版业务真正搞好。

1951 年 10 月 12 日

（选自《胡愈之出版文集》，此为文中一部分，中国书籍出版社 1998 年版）

王任叔

王任叔(1901～1972)，浙江奉化人。笔名巴人。1922 年参加"文学研究会"。1925 年，参加反帝反封建斗争，先后任北伐军后方留守处机要书记、秘书，中共宁波地委宣传部委员等职。他是"中国左翼作家联盟"发起人之一。他先后担任过《申报》副刊"自由谈"、《译报》的编辑工作。1938 年出版《鲁迅全集》时，他是出版委员会负责人之一。在 20 世纪 30 年代，他团结进步文化界人士与国民党反动派进行斗争，并在开展统一战线工作、坚持文化阵地、宣传马列主义、培养干部方面作出了卓越贡献。1941 年受党组织派遣，去新加坡、印尼，在华侨中开展文化救亡运动。

　　新中国成立后，任职于中央统战部，后出任我国驻印尼首任大使。继之，任人民文学出版社社长、总编辑。其后，转至中央经济部东南亚研究所任职。"文化大革命"中遭受残酷迫害致死。

　　王任叔是著名文艺理论家和编辑家。他长期从事编辑出版工作，在主持人民文学出版社工作期间，制定中外文学名著选题规划，为繁荣我国出版事业作出了杰出贡献。

　　其著作有《文学论稿》、《遵命集》等。

《遵命集》二则

巴　人

关于删改

记得已故作家郁达夫曾经把俗语里"儿子是自己的好"改了一改，叫做"文章是自己的好"。这如果理解为天下文章只有自己的最好，那自然不免狂妄了。

但作家写文章，当他没有写成之前，搔首苦思，呕心沥血，惨淡经营，确实有比之于孕妇临盆之前的情况。当他写成之后，回环低诵，反复增删，修其不整，补其不全，希望发表出去能够打动读者的心，这又同母亲加意培育自己孩子，希望成个器材的心境是一个样的。作家珍爱自己的文章，也是人之常情。

可是近年来，有些报刊和书籍出版社，任意删改文章的风气颇为流行。据说，有一家报纸，约请一位名作家写了一篇文章，登出之后，面目全非，仅有两句未改，那是引用别人的话。而文章标题之下，依然署那位作家的名字，看来文责还须那位作家来负的。还有某出版社，总结了编辑工作的经验，得名句一联，"作家的头脑，编辑的笔"，这么说来，自古有"削足适履"的笑话，而今有"削头就笔"的事实了。但头是削不得的，哪怕编辑拿起笔来，自我称雄，高声叫道，"我有笔如刀"，然而作家还是摇头称谢："对不起得很，你有你的笔，我爱我的头。"

我想，我们目前的文章风格之所以如此"干巴巴的"，某些执笔如刀的编辑是出了一把力的。

但这并不是说编辑对作家的文章没有取舍和提意见之权，这个"权"

还是有的。问题是在于任意删改，一定要把"姑娘"改做"少女"，未必文雅；一定要把"无济于事"改做"没什么用处"，也未必传神。文如其人，文章的风格也就是作家个性的表现，我以为是删改不得的。

写到这里，想到一个老笑话。据说有个绍兴文人论到天下的文章的时候，说道："天下的文章，要算浙江；浙江的文章，要算绍兴；绍兴的文章，要算家兄；而家兄的文章，有时还得由我删改删改！"大概爱好删改别人文章的某些编辑，是同这位绍兴文人的心理一样的。

"难言之隐"

发表了《关于删改》，心里不免"愀然"。自己也是当编辑的，虽然不必抱阿 Q 主义，讳言头上的"癞"，但一定要扒开头发，扬言于众："我这里有个癞疤！"也未必算是勇敢。问题是怎样使自己身上不再长癞疮，最为要着。

在过去，不少作家是当编辑起家的，而现在则是很少作家愿意当编辑。时易势移，编辑就常常"挨"到作家的"骂"："改稿"、"压稿"和"稿费"——所谓"三稿"问题的不满，全部集中到出版社编辑身上，甚至义愤之余，有人在作协座谈会上，竟声言要开除某出版社与核定稿费有关的某编辑的会籍了。编辑也就这样成为众矢之的。噫吁嚱！编辑之难，确也难于上青天了。

自然，我们也决不推诿责任。任意删改作家的文章，无论如何是不应该的。但做编辑的处境之难，绝不是外人所能想象的。真所谓有"难言之隐"。

有人说，"百家争鸣"能否开展，其中的一个大关，就在于出版社的编辑。但他们不知道编辑要过的关更多。就我所知道的某出版社来说，编辑有三关：第一个是"批评关"。一本书出来了，一受到社会批评，责任就落在编辑身上。读者看到批评，不管自己是否真的读过那书没有，于是写信来纷纷斥责，第二个来了"读者关"。可是这两个"关"，还是容易过的。"冤有头，债有主"，书是作家写的，对编辑来说，最多不过是犯了"失察"之"罪"，解释一番也就罢了。但接着而来的还有"检讨关"。有错误应该"检讨"，但有时对错误的意见还不一致，或者是社会的批评并不完全正确，而硬要"检讨"，"检讨"之后，又复石沉大海。这就难乎其做编辑了。

前些时候，看到《人民日报》有一篇介绍苏联《共产党人》杂志的评论《重视普列哈诺夫的哲学遗产》的文章摘要。最后一段说："书评作者又指出，书中的某些缺点是应由国家政治书籍出版局负责。出版局把福米娜的著作一直拖了五年才出版，在这当中这本书遭到了许多批评，事实上就是硬要作者接受当时广为流行的错误见解。"这段话不免叫人哑然失笑。见解虽然错误，却是"广为流行的"，可见责任还不在出版局的编辑。世上只有名教授、名记者，却还很少看到名编辑；编辑而不为"广为流行的"见解所漂没，是很难的。什么原因呢？三关难过。而所谓三关者，事实上也是"广为流行的"某种"社会风气"而已也。

为了响应"百家争鸣"，必须明辨责任。我以为，编辑应负的是政治责任，除此而外，文责概由作家自负。如此，则三关破，而编辑也不至于被看做是"百家争鸣"的拦路石了。

（选自巴人著《遵命集》，北京出版社 1957 年版）

巴　金

巴　金(1904～2005)，四川成都人。原名李尧棠，字芾甘。五四时期，接受科学民主思想，也受到克鲁泡特金无政府主义思想影响。1921年参加编辑《半月》刊。1923年赴上海南洋中学学习，后考入南京东南大学附中。1927年赴法国留学。1929年至1933年辗转上海、南京、北平等地，从事文学创作与出版活动。曾先后任上海文化生活出版社、平明出版社总编辑，出版众多革命文学书刊。抗战爆发后与茅盾合编《呐喊》；上海沦陷后去武汉、重庆等地，完成了《春》、《秋》等重大文学作品的创作。

新中国成立后，历任上海作家协会主席、中国作家协会主席等。

巴金是我国现代著名作家和编辑出版家。他从1929年发表作品，到1949年期间，共创作出了30多部长短篇小说和大量的散文及译作。在编辑出版方面，在建国前曾创办了多种刊物和几家有影响的出版社。建国后又创办了《文艺月报》、《上海文学》、《收获》等文学刊物。晚年，在困难条件下，坚持写作，出版了《随想录》。其著作已收入《巴金全集》(共26卷)、《巴金译文集》(10卷)。

致《十月》

巴 金

　　《十月》杂志创刊三周年，编辑同志来上海组稿，说是长短不论。我答应试试。我想谈谈关于编辑的一些事情。可是近大半年我的身体一直不好，感情激动起来，连写字也困难，看来文章是写不成的了，那就随便谈点感想吧。

　　我一直被认为是作家，但我也搞过较长时期的编辑工作，自以为两方面的甘苦都懂得一点。过去几十年中间，我多次向编辑投稿，也多次向作家拉稿，我常有这样的情况：做编辑工作的时候，我总是从编辑的观点看问题；投稿的时候，我又站在作家的立场，对编辑提出过多的要求。事情过后，一本杂志已经发行，一部书业已出版，平心静气，回头细想，才恍然大悟：作家和编辑应当成为诚意合作，互相了解的好朋友。

　　《十月》杂志是很好的大型刊物。它是逐渐改进、办好的。刊物是为读者服务的。用什么来服务呢？当然是用作品。读者看一份刊物，主要是看它发表的作品，好文章越多，编辑同志的功劳越大。倘使一篇好作品也拿不出来，这个刊物就会受到读者的冷落，编辑同志也谈不到为谁服务了。作品是刊物的生命。编辑是作家与读者之间的桥梁。作家无法把作品直接送到读者的手里，要靠编辑的介绍与推荐，没有这个助力，作品不一定能出来。刊物要是不能经常发表感动读者、吸引读者的好作品，编辑要是不能发现新的作家、不能团结好的作家，他们的工作就不会有成绩。文学艺术是集体的事业，这个事业的发展和繁荣，与每一个文艺工作者都有关系，大家都有责任。大家都在从事一种共同的有益的工作，不能说谁比谁高。我觉得这样的说法倒符合实际。

　　我想起一件事情。大概在 1962 年吧，上海一位出版局的负责人写了一篇文章，替编辑同志们讲了几句话。他是一个大知识分子，也知道一点编辑工作的情况，听到一些人的牢骚，想"安抚"他们，对他们做思想工作。没有料到，一篇文章闯了大祸，姚文元的"金棍子"马上打到他的身上来了。他从此背上"杂家"的包袱，吃够了苦头。没有人出来替他说一句公道话，只是因为有一位官比他大得多的人坐在姚文元的背后。但是解决是非问题，不靠官大官小。一眨眼 20 年过去了，今天我仍然听见作家们在抱怨，编辑们在发牢骚。我觉得两方面都有道理，又都没有道理。对每一方面我同样劝告：对自己要求高一点，对别人要求低一点。前些时候我读过一篇文章，说"批评也是一种爱护"，"爱护"二字引起我一些想法。我要说，真正爱护作家的是好的编辑；同样，好的编辑也受到作家的爱护。好作品喜欢同好文章排列在一起，这也是所谓"物以类聚"吧。一个刊物发表了两三篇好文章，好的作品就像流水一样汇集到它那里。刊物选择作品，作家也挑选刊物。我所见一位作家对别人说："某某是我的责任编辑。"声音里充满感情，我看，除了读者们的鼓励外，这就是对编辑的莫大酬报了。但是我又听见一位作家抱怨，编辑不向他组稿，他连杂志社的门向哪里开也不知道。他当然有他的道理。但是我想劝他不要生气，我说："这样倒好，主动权就在你手里了。你有两个办法：第一，他不组稿，你就不投稿，组不到好作品是他那个刊物的损失；第二，他不来组稿，你也可以投稿，看他识货不识货。漏过了好作品是编辑的过失，他会受到读者的批评。"拿我自己来说，我的作品在《小说月报》上发表过好些篇，可是《小说月报》编辑部的大门，我一次也不曾进去过。正因为我不管这些，才有时间多写作品。我从来不管谁来约稿，谁不约稿，经常考虑的倒是在什么刊物上发表作品比较好。当然，别人用不用我的稿子，并不能由我自己决定。我也只是写稿、投稿。作家嘛，时间应当花在写作上。我还听见有人批评编辑"偏心"，说他们"重名气，轻质量"。这已经是几十年的老话了。不能说别人就没有缺点，但我们更应该相信读者。不要以为读者对当前生活一无所知，对作品毫无欣赏力和判断力。我看，一部作品的最高裁判员还是读者。古今中外的文学名著，是靠谁保留下来的呢？还不是读者！也只能靠读者。编辑不可能跟读者对着干，硬要编一本没有人要看的刊物。刊物没有人要看，一定办不下去，编辑也得改行。让两方面都来经受时间的考验吧，都来经受读者的考验吧。

我还想谈一点个人的经验和个人的感想。我在一些不同的场合讲过了我怎样走上文学的道路，在这里我只想表示我对叶圣陶同志的感激之情。他是很好的作家和教育家，但我是把他当做很好的编辑而感谢的。我写了长篇小说，缺乏自信不敢投稿，从法国寄给在上海开明书店工作的朋友，托他代印几百册。我赴法前，看见过一位朋友的兄弟自印的小说，还记得书名叫《洄浪》，印费并不贵。年底我回到上海，朋友一见面就告诉我："你用不着译书卖稿筹印费了。《小说月报》明年第一期起连载你的小说。"原来当时《小说月报》的代理主编叶圣老经常去开明书店，他在我的朋友那里看到我寄去的原稿，认为可以发表，就拿去推荐给读者。倘使叶圣老不曾发现我的作品，我可能不会走上文学的道路，做不了作家；也很有可能我早已在贫困中死亡。作为编辑，他发表了不少新作者的处女作，鼓励新人怀着勇气和信心进入文坛。编辑的成绩不在于发表名人的作品，而在于发现新的作家，推荐新的创作。我感激叶圣老，因为他给我指出了一条宽广的路，他始终是一位不声不响的向导。

我从来没有把写作当做成名成家的道路。作家不过是一种职业，一个工作岗位。作家不是一种资格，不是一种地位，不是一种官衔。我重视、热爱这个职业、这个岗位，因为我可以用我的笔战斗，通过种种考验为读者、为人民服务。我做梦也没有想到作家会是"社会名流"或者"太平绅士"或者"万应膏药"。我绝不相信作家可以脱离作品而单独存在，可以用题字、用名字、用讲话代替自己的文章。我常常静夜深思，难道我当初拿笔写作，就是为了大写"苦学自学"的经验谈，引导青年如何青云直上，充当各种活动、各种场面的装饰品？难道我所有辛勤的劳动都是为了个人的名利，我一切热情的语言都是欺骗读者的谎话？

有时我的思想似乎进入了迷宫，落到了痛苦的深渊，束手无策，不知道怎样救出自己。忽然我的眼前出现了一位老人的笑颜，我心安了。50年来他的眼睛一直在注视我。真是一位难得的好编辑！他不是白白地把我送进了"文坛"，他以身作则，给我指出为文为人的道路，我们接触的时间不多，他也很少给我写信，但是在紧要关头，他对我非常关心，他的形象也是对我的支持和鼓励。我的文集开始发行的时候，我写了一封信感谢他。"四人帮"垮台后，我每年去北京都要到他府上探望，他听觉减退，我们交谈已有困难。但是同他会见，让他知道我的脑子还很清楚，使他放心，我自己也仿佛卸了责任。我们最近两次会见，叶圣老都叫人摄影留念，我收到他从北京寄来的照片，我总是兴奋地望着他的笑脸对人说："这是我的责任编辑啊！"我充满了自豪的感觉。我甚至觉得他不单是我的第一本小说的责任编辑，他是我一生的责任编辑。

对编辑同志，对那些默默无闻、辛勤工作的人，除了表示极大的敬意外，我没有别的话可说了。但是我记得作家们抱怨过编辑同志的朱笔无情，那么我就向同志们提出一个小小的要求：现在"文责自负"，就让作者多负点责任吧。我一生改过不少人的文章，自己的文章也让不少编辑删改过。别人改我的文章，如果我不满意，后来一定恢复原状。我的经验是：有权不必滥用，修改别人文章不论大删小改，总得征求作者同意。我当编辑的时候，常常对自己说："要小心啊，你改别人文章，即使改对了 98 处，你改错了 2 处，你就是犯了错误。最好还是笔下留情，一、可以不改的就不改，或者少改；二、一切改动都要同作者商量。"我现在还是这样看法。

070

以上只是我对一般编辑工作的意见。这个小小的要求并不是向《十月》提出的。很惭愧，说到《十月》，我就想起那一笔不曾偿还的文债。《十月》创刊的时候我答应投稿，可是三年中我没有给刊物寄过一行文字。看来，我再也写不出适合刊物的像样文章了。编辑同志不会责怪我，但是作为读者，我读到好的作品就想起编辑们的勤劳和苦心，既高兴又感谢。刊物在发展，在前进。读者的眼光永远注视着你们前进的脚步，奋勇直前吧，亲爱的朋友们。

（原载《十月》1981 年第 6 期）

对默默无闻者的极大敬意
——为上海文艺出版社成立三十年而作

巴　金

　　不久前一位在上海文艺出版社主持工作的朋友来看我。他知道我有病，坐下就说明来意：希望我为出版社成立三十年讲几句话。我道歉说，我行动不便，少出门，不能到会祝贺。他便说你写三五百字鼓励鼓励吧。交谈起来我才想起文艺出版社最初还是由几家小出版社合并起来组成的，那些小出版社中有两家同我有关系，那就是文化生活出版社和平明出版社，有一个时期我还是这两家出版社的总编辑(我为平明出版社工作的时间短，还不到两年)，虽然没有拿过工资，印过"名片"，但实际上我却做了十几年编辑和校对的工作，所以朋友一提到这件事，我就明白他的意思：这里面也有你十几年的甘苦和心血，你总得讲两句。

　　他的话像榔头一样打中了我的要害，我本来决定不写什么，但是想到了自己过去的工作就有点坐立不安，不能沉默下去了。那么想到什么就写点什么吧。

　　我想先从自己谈起。现在再没有人"勒令"我写"思想汇报"和"检查交代"了。可是每次回忆自己过去的所作所为，我总想写一点"检讨"之类的东西。倘使拿我要求别人的标准来要求自己，我每样工作都做得很不够。我当初搞出版工作，也是如此。我没有计划，更没有所谓雄心壮志。朋友们试办出版社，约我参加工作，我认为自己可以做点事情，就答应下来。那时文艺书销路差，翻译小说更少人看，一本书的印数很少，不过一两千册，花不了多少成本。朋友们积了一笔钱，虽然不多，但几本书的印刷费总够支付，其余的则靠个人的义务劳动，出版社就这样地办了起来。从几本书到几十本书、几百本书，出版社遭遇了大大小小的灾难，

071

一位有才华的散文家甚至为它遭到日本宪兵队的毒手，献出了生命。我在文化生活出版社工作了十四年，写稿、看稿、编辑、校对，甚至补书，不是为了报酬，是因为人活着需要多做工作，需要发散、消耗自己的精力。我一生始终保持着这样一个信念：生命的意义在于付出，在于给与；而不是在于接受，也不是在于争取。所以做补书的工作我也感到乐趣，能够拿几本新出的书送给朋友，献给读者，我认为是莫大的快乐。

但是这样的解释并不能掩盖我工作中的缺点。我当时年轻胆大，把任何工作都看得十分简单，对编辑、出版的事也是这样看待。不用设想，不用考虑，拿到什么稿子就出什么书。不管会与不会，只要有工作就做。当时做事情劲头大，印一本书好像并不费事。我还记得为了改正《草原故事》(高尔基原著)中的错字，我到华文印刷所去找排字工人求他当场改好。那个年轻工人因为下班后同女朋友有约会，显得很不耐烦，但是我缠住他不放，又讲了不少好话，终于达到了目的。

我这一生发排过不少的书稿，我自己的译著大部分都是我批了格式后发排的。我做这个工作从来粗心草率。抗战初期，我看见茅盾同志批改过的稿件，才感到做一个责任编辑应当付出更多的精力和心血。近几年偶尔见到别人发排的书稿，我不禁大吃一惊：那样整齐，那样清爽，那样干净！我见过一些西方作家的手稿，有人甚至把校样也改得一塌糊涂，我自己也有过这样的事情。我惭愧地想：倘使我晚生几十年，不但搞不了编辑的工作，恐怕连作家也当不成。我见过不少鲁迅、茅盾的手稿；它们都是优美的艺术品。而我的手稿，甚至今天寄出去的手稿，还是歪歪斜斜，字字出格，连小学生的课卷也比不上。我承认作为十全十美的作家我太不够资格，不仅拿出手稿展览我感到脸红，遇到有人找上门来要求题字，我更感到痛悔，悔恨当初不曾练就一笔好字，没有想到自己有一天会变成"社会名流"。

话题扯得太远了，还是简单化好些。工作做得仔细，稿子抄得工整，有什么不好?! 不过从著作人的立场看来，出版一本书花费的时间似乎长了一些。一本不到十万字的书稿，我送到一家大出版社快一年半了，还不知道它什么时候可以跟读者见面。这些年同某些出版社打交道，我有一种不应有的感觉，对方好像是衙门。在这方面我有敏感，总觉得不知从什么时候起出现了出版官。前些时候一个在出版社工作的亲戚告诉我，有人夸奖他们是"出版家，不是出版商"。他似乎欣赏这种说法，我就半开玩笑地说："你不要做出版官啊！"我念念不忘"出版官"，这说明我和某些出版社的关系中，有什么使我感到不平等的因素。

我过去搞出版工作，编丛书，就依靠两种人：作者和读者。得罪了作家我拿不到稿子；读者不买我编的书，我就无法编下去。我并不怕失业，因为这是义务劳动。不过能不能把一项工作做好，有关一个人的信用。我生活在"个人奋斗"的时代，不能不无休止地奋斗，而搞好和作家和读者的关系也就是我的奋斗的项目之一，因此我常常开玩笑说："作家和读者都是我的衣食父母。"我口里这么说，心里也这么想，工作的时候我一直记住这两种人。尽管我所服务的那个出版社并不能提供优厚的条件，可是我仍然得到各方面的支持，不少有成就的作家送来他们的手稿，新出现的青年作家也让我编选他们的作品。我从未感到缺稿的恐慌。

那个时候出版社少有人关心。即使是成名的作家，也找不到按月领工资的机会。尽管在学识上、在能力上我都有缺点，但是我有一种不错的想法：编者和作者站在平等的地位；编辑同作家应当成为密切合作的朋友。我不能说我已经办到了。但是我经常意识到我和作家们走向同一个目标。我们工作，只是为了替我们国家、我们民族作一点文化积累的事情。这不是自我吹嘘，十几年中间经过我的手送到印刷局去的几百种书稿中，至少有一部分真实地反映了当时我国人民的生活。它们作为一个时代的记录，作为一个民族发展文化、追求理想的奋斗的文献，是要存在下去的，是谁也抹煞不了的。这说明即使像我这样不够格的编辑，只要去掉私心，也可以做出好事。那么即使终生默默无闻，坚守着编辑的岗位认真地工作，有一天也会看到个人生命的开花结果。我并不因为自己在这方面花费了不少时间感到后悔，我觉得惭愧的倒是我不曾把工作做好，我负责编辑，看过校样的书稿印出来后错字不少，越是后期出的书，错字越多。对作者和对读者我都感到歉意。

073

过去的事已经过去了。回过头去，倘使能够从头再走一遍几十年的生活道路，我也愿意，而且一定要认真地、踏实地举步向前。几十年的经验使我懂得：多想到别人，少想到自己，便可以少犯错误。我本来是可以做一个较好的编辑，但是现在已经迟了。

然而我对文艺编辑、出版的工作还是有感情的。我羡慕今天还在这个岗位上勤奋工作的同志，他们生活在新的时代，他们有很好的工作条件，他们有机会接近作者和读者，他们编辑出版的书受到广泛的欢迎，一版就是几万、几十万册。寒风吹得木屋颤摇、在一盏煤油灯下看校样的日子永远不会再来了！丢掉全部书物仓皇逃命的日子永远不会再来了！他们不可能懂得我过去的甘苦，也不需要懂得我过去的甘苦。我那个时代早已结束了。

　　（选自巴金等著《云海知音》，上海文艺出版社 1992 年版，此为文中的一部分）

巴金书信选编

一九八八年五月二十四日

树基①：

　　十七日来信收到。关于题注和各篇《后记》就照你的意见办吧。

　　《家》、《春》、《秋》的样书已经收到了。《全集》四、五两卷至今未见。有人说外面有发售的，但我托魏帆去书店看，却又不曾购到。这并不要紧，反正我不拿《全集》送人，除了你。你是编辑，我是助手，你鼓励我编印《全集》，我就趁这机会试编一次，靠我们二人努力，留下一个草稿，一套样本。目前我只需要四卷以下精、平各一册。首先我需要知道四至七卷用了些什么照片，这样我才好安排八、九卷的照片。

　　现在出版界情况很古怪，好书出不了，坏书畅销，真是从"向前看"走到"向钱看"了。我们搞了几十年出版工作，看到今天这个局面，实在无话可说。祝
好！

芾　甘　五月廿四日

一九八九年一月二十四日

树基：

---

　　①　树基即王仰晨。

廿二日来信收到。几天没有执笔，总觉得精神不好。不过也还可以拖下去，只要不太累，只要能够安排自己的生活，不受外来的干扰，只要不再胆颤心惊地过日子，那么多活三四年当不会有问题，我就可以把《全集》搞完了。你想把《全集》编得"完备"、"完美"，我看这不可能。你求全，就会保留更多的"垃圾"，其实读者不需要它们，我也不愿意重印它们。我认为我们要在编辑上花费点心思。编得好些。

你提到的几件事我都同意，一、重新排印一版《忆》，就请你来编排吧。二、《序跋集》等等改作十七卷。三、西班牙画册四本原画三册，其中《西班牙的苦难》未找到。我编印的都还有。四、《纳粹杀人工厂》原画册没有了。当然不用原画也行。

……我想过了春节以后把需要搜集的佚文目录排一下。慢慢来，总可以。十二卷备用的照片两张寄上，你看行吗？

余后谈。祝

好！

芾　甘　〔一月〕二十四日

076　**一九九一年五月十八日**

树基：

二日信收到。我写的信想你早已接到了。我在杭州休息还不错。不过回来接待日本朋友后，因热感冒发了气管炎，咳得厉害，不大舒服，后来服了药又渐渐好起来了。

这封信只提一件事。《全集》十八等三卷收容佚文，请你把关，一定要严格，能不要的就不收。我早期写的文章，有些自己也不想留下，现在更不必通过《全集》而流传，宁肯少一点，不要什么都收进去。我相信你，拜托你了。祝

好！

芾　甘　五月十八日

《巴金全集》第二十二卷代跋

树基：

关于书信我用不着多说了。三四年前我曾经为现代文学馆编过一本《巴金书信集》，书前有一篇小序，文字不多，却也讲出了我对出版书信的意见，序文已经收在《序跋编》里了。

另外我还建议将三卷书信集放在《全集》的最后。我对书信的用法、看法有了改变，我要一直写到闭上眼睛。可能我骨已成灰还有人为我编印《书信集补遗》……

我有幸找到了讲真话的路。我拿起笔就是为了写真话，讲真话。真话是讲不完的，真话是封不住的。即使我搁下了笔；即使嘴上贴了封条，脑子照样在思考真话，真话也仍然飞向四方。我说过我不曾用笔写完的，我要用行为来完成。每当午夜梦回，我反复思索用什么样的行为实现自己的理想。我多么愿意再活一次。

朋友们批评我不该使自己这样痛苦，却不知我正是在痛苦中净化心灵，才不得不严格对待自己。七十年的创作生涯中我从不曾追求文学技巧，用它来装饰自己。我写，我是在掏出我那颗满是伤痕的赤诚的心。

写到这里，我收到你病后的来信，你为我的书带病工作了这些年，一个字一个字认真地、仔细地编写、校读，忍住腰痛，坚持坐在书桌前，或者腿架在凳子上，为了我的《全集》你花费了多少时间，多少心血，多少精力，现在最后一卷就要发稿，……想到这些，我决定收回前面的建议。就照你的意思办吧。

我的书橱里有不少朋友的信件，其中有一大叠上面用圆珠笔写满了蓝色小字，字越写越小，读起来很费力，但也很亲切。不用说这是你的来信，我生活忙乱，常常把信分放在几个地方。我有一种奇怪的感觉，那里好像有什么东西在发光。这不是什么幻想，这闪光是存在的。我明白了。它正是我多年追求而没有达到的目标：生命的开花。是你默默地在给我引路。

不管留给我的日子还有多少，不管我能不能再活一次，我默默地献出最后的一切，让我的生命也开一次花。

芾 甘 一九九二年十一月二十一日

最后的话①

—

树基：

书出到末卷，我可以讲最后的话了。树基，感谢你接受我的委托编辑这个《全集》。我把《全集》交给你，因为我相信你会把它编成一部对读者有用的书。我写书有我的需要，每一篇都是如此。读者读书也有自己的需要。我认为你懂得两方面的需要，容易帮助读者接触作者的心灵。你对我的作品有时也坦率地发表意见，而且你和我同一个时期在桂林、重庆生活过。后来在上海和北京我们还有更多交谈的机会。你给我写来这么多的信，对我的生活和我的文章，甚至一些字句也很关心，很注意。我并不常常听从你的意见，但我总是认真地考虑它们。

现在对自己的作品我打算再认真考虑一次。我要回头看看我一生走过的道路。

我说过我搁笔了。但又几次拿起墨水快干的笔。写几个叫人看得清楚的字，我感到吃力，但吐出心中的块垒，我很痛快。积累了多年的爱憎总要倾吐干净！因此我常常觉得自己文章写得太多，也曾有过计划，只出版十卷本选集，其余概不重印。

你向我组稿，要编印我的《全集》。你说你打算把我这部书作为你最后的工作。你的话里流露出深的感情。你的确应该休息了。却又忘不了我的书。为了出版我的《全集》，你找我谈过几次。你的热情和决心打动了我，你的编辑、出版计划说服了我，一年后我终于同意了。我起初抱着消极的态度，以为每年看到一册，等书出齐，我已不在人世，不必为这些文字操心了。我的确不曾把这件事放在心上。可是后来看见书一本一本地印出来，经过书市转到读者手中，又仿佛心上压着什么，开始感到坐立不安了。究竟是我写的东西，不管好坏，总不能把责任完全推给你，好像跟我自己毫无关系。今天它们给带到读者面前接受审判，受罚的应当是我。你可能不同意这个"罚"字，那么就加一个"赏"字，有赏有罚吧。但无论如何，批评总是多于"赞赏"，而且我这里所谓"赞赏"也只

---

① 本篇收入《全集》时题作《后记》、《后记（之二）》。

是读者的"接受"，倘使受到读者普遍的拒绝，你的努力岂不完全浪费，而我的内疚也就更深了。

这样的遭遇《全集》也可能碰到。是糟粕，就让它毁灭，扔进垃圾堆里也行，我并无怨言。你应当有充分准备。

…… ……

我写出了一本接一本的书。心中的火不灭，我不能不写，虽然肤浅、幼稚，而且啰嗦，但是读者鼓励我写，读者不嫌弃地接受它们。年轻人说我讲出了他们心中的话。三十年代、四十年代的青年把我当作他们的朋友。我的见闻、我的呼喊，甚至我那些不成篇的牢骚，它们都是真话，我不会存心欺骗读者。但是不能说我不曾欺骗过我自己。那么我怎么能说年轻朋友们就不曾受过骗？在十八九岁的日子，热情像一锅煮沸的油，谁也愿意献出自己宝贵的血。我写了一本又一本的书，一次又一次地送到年轻读者的手中，我感觉到我们之间友谊的加深，但是二十年后，五十年代到八十年代的青年不再理解我了。我感到寂寞、孤独，因为我老了，我的书也老了，无论怎样修饰、加工，也不能给它们增加多少生命。

你不用替我惋惜，不是他们离开我，是我离开了他们。我的时代可能已经过去。我理解了自己，就不会感到遗憾。也希望读者理解我。

要求理解，并非要求宽容。理解之后，读者也许会把全书四分之二扔在垃圾箱里，那么我这一生写作上的努力就得到公平的待遇了。

巴　金　一九八九年七月二十八日

二

树基：

你把我三年前写好的《全集》的《后记》寄还给我，问我有没有改动，要不要作什么补充。

我的回答是：另写一篇，不是改动，也不是补充，那么就算《后记》之二吧。

我已经没有夸夸其谈的时间了，伸出手来，我准备一次紧握。我饶舌了六七十年，不想再浪费读者宝贵的时光。人走了，但是印在纸上的字抹煞不了。我要为自己写的东西负责。不管我说真话还是讲假话，不管我的思想变化或未变。它总是在动，我也总有一条思路，我写文章绝非无话硬写，那是编造谎言。

你了解我，我为什么不止一次地告诉你编印《全集》就是对我自己的惩罚呢？我不能容忍编造的谎言，不管是"独家采访"，或是"人云亦云"。我为什么坚持在十四卷末作为附录插进与徐开垒同志的对谈呢？我想让读者明白一件事情：我不能离开人民，我准备"改造自己，从头做起"。说是换一支笔写新人新事，我"毫不犹豫地选择了新的路"。这样才可以解释我的思想、我的文笔的改动，我甚至承认自己投降。从此我转了一个一百八十度的大弯，发表了新的文章。这些文章被称为"歌德派"，回顾它们的产生，我并不后悔我写了它们，即使我写了自己不想说的话，即使我写了自己所不理解的事情，我也希望对我的国家和人民，我的文章会起一点好作用，我的感情是真诚的。不少的知识分子都是这样，经过一次接一次的运动，我跟读者的距离越来越远了。最有趣的是五八年春天，我在自己的院子里草地上捧着铜盆敲了整整一个下午，我是在响应号召"除四害"打麻雀。我的集子里还保留了不少这一类的豪言壮语，我写它们，只是为了完成别人给我的任务，当时我们是在互相鼓励，今天却说明我如何制造废品。

说到废品你不同意，你以为我谦虚。你不同意我那百分之五十的废品的看法。但是重读过去的文章，我绝不能宽恕自己。人们责问我为什么把自己搞得这样痛苦，正因为我无法使笔下的豪行壮举成为现实。难道我存心撒谎，为了保护自己?! 难道借口真话不是真理我可以信口开河?! 我反复解说只想用真话把我的心交给读者。可是我究竟说了多少真话？我究竟让多少人看到我的心？

一句话，这二十六本集子里有多少真，又有多少假？我自己没有回答。有人说："那么看看《随想录》吧。"

《随想录》是我最后的著作，是解释自己、解剖自己的书，但这也只是刚刚开始，本来还想写《再思录》，却没有办法，"来日无多"了。我还需要讲什么呢？反反复复，唠唠叨叨，我把书一本一本地堆起来，也不见得就能说服读者。

我又想起了老托尔斯泰，他写了那么多的书，他的《全集》有九十大册，他还是得不到人们理解，为了说服读者，他八十一岁带着一个女儿离家出走。他决心改变自己的生活，却没有想到中途染病死在火车站上。①

这是俄罗斯大作家给我指出的一条路。改变自己的生活，消除言行的矛盾，这就是讲真话。

现在我看清楚了这样一条路，我要走下去，不回头。

但是对我来说，这已经太迟了。我讲话吃力，写字困难；笔在我手里重如千斤；无穷无尽的感情也只好咽在肚里。不需要千言万语，让我们紧紧地握一次手无言地告别吧。

最后一段话是对敬爱的读者讲的，对他们我只要说："我爱你们。"是的，我永远忘不了他们。

巴　金　一九九三年一月五日

（以上均选自《巴金书简——致王仰晨》，文汇出版社 1997 年版）

081

---

①　据说托尔斯泰离家的信写好锁在抽屉里二十五年，最后出走，只能说是实现他的决心，可是他还没有改变他的生活。

周振甫

周振甫(1911～2000)，学名麟瑞，笔名卞慧。浙江平湖人。1931年考入无锡国学专修学校。1932年进开明书店，做校对工作。帮助宋云彬校对了《辞通》后，又校对了王伯祥主编的《二十五史补编》和《汉书地理志详释》，为编辑工作奠定了良好基础。后陆续编辑开明版《中学生丛书》中的《班超》、《东汉党锢》，注释了《开明活页文选》等。1948年，担任钱锺书《谈艺录》一书的责任编辑，为这部书加了提要性小标题，深得钱的好评。出书后，钱曾赠言："校书者非如观世音之具千手千眼不可。此作蒙振甫道兄雠勘，得免于大舛错，拜赐多矣。"

新中国成立后，1952年随开明书店进入中国青年出版社，专门从事古典文史哲著作的编辑工作。1971年到中华书局古典文学编辑室做编辑工作。他是首届"韬奋出版奖"获得者。

周振甫是位学者型的编辑，精于古典文献的编辑整理工作。在长达50年的编辑生涯中，他以渊博的学识和丰富的编辑工作经验，编注了大量古籍文献，为我国出版事业作出了重大贡献。其主要著作有《文心雕龙今译》、《鲁迅诗歌注》、《毛主席诗词浅释》等。

对编辑工作的老生常谈

振　甫

　　1932年秋天，我到上海开明书店编辑所工作。我怎样到开明书店去的呢？原来海宁朱起凤先生著作了《辞通》，这部书是搜集了很多可以相通的或相同的不同写法的辞，把它们汇集起来，说明它们相通的原因。这些辞都是从古书中搜集来的。这部稿子原名《读书通》，投给商务。这是一部大书，当时的商务的总经理是王云五。大概他认为这部大书不能赚钱，拒不接受。这部书就投到开明书店。开明的经理章锡琛看到了这部大书，觉得这书名为《读书通》，销路不会广，怎样改一个能吸引读者的名字，就想到《辞通》。《辞通》的名字既符合书的内容，又好像同《辞源》是相类似的书，而《辞源》是非常畅销的。这样把名字一改，就可能打开销路。再说，这本是有分量的书，即使出这本书要亏本，但它可以提高开明的地位，亏本也是值得的。再说，这部书是商务怕亏本而不肯接受的，以当时国内最大的书店商务不肯接受的稿子，开明竟肯接受，这也是向商务显示力量，就决定接受了。这部书引的全是古书，因此把朱起凤先生的学生宋云彬先生也请进来，负责校对。后来宋先生要给开明函授学校编讲义，又要替开明《中学生》写历史小品像《玄武门之变》，《辞通》的校样就不免积压，因此想找一个人来帮他校对。当时，开明书店的徐调孚就写信给我，问愿不愿意进开明。我那时正在无锡国学专修学校念书，接信后就表示愿意。开明就让我给陆游的《老学庵笔记》断句。他们看了我的断句，认为可以，这样我就进了开明。

　　在开明，先帮宋先生校对《辞通》。不久，开明要出一套中学生知识读物，拟了一批选题。我担任写《班超》那本小册子。我把《后汉书》全读了，稿子写了，开明审了一下，认为可以，就出版了。后来这套书销路不好，没有出下去。现在看来，由年轻的编辑参加编书，是给予锻炼提高的一个好方法。假如编辑只顾审稿，不参加自己编书，对编书的甘苦缺少体会，审稿水平也不容易提高。经过自己编书，自己找资料，考虑对资料的选择剪裁编排改写。在这方面取得经验，再来审稿时，就会注意到审稿中怎样核对资料，看稿件对资料的取舍组织有没有问题，会提高审稿的水平。现在回想起来，开明在这方面工作是做得不够的，一是指导不够，二是要求不严。让年轻的编辑编书，应该给予指导，指导他从多方面去找有关资料，这样来丰富他的知识，来帮助他学会做研究工作。开明在这方面根本不管。第二，对年轻人写的东西，应该提出严格要求，帮他提高。这方面开明也没有做。后来就连这样的机会也很少了。

《辞通》校对完了。我曾经在王伯祥先生领导下参加《二十五史补编》的校对工作。《补编》的书目是由王先生拟定的。拟定以后就去搜集书稿，多数是旧书，也有少数稿件。搜集后就批好格式付排，没有什么编辑工作可做。只是当时编印了一些补编所搜集的书的内容提要，寄到北京，引起了顾颉刚先生的赞赏，那可能符合他的爱好，并不说明这些提要写得好。在校到其中一部吕调阳的《汉书地理志》著作时，发现他对水道有不少胡说，请示王先生，由我写了一篇跋，指出他的胡说，这也许可算做了点编辑工作吧。在给童书业先生校对《春秋史》时，给他提了点意见，他接受了，写了复信。他要求把我的去信和他的回信作附录刊在书后，这也算做了点编辑工作吧。

…… ……

后来，我到中华书局去参加明史点校工作。明史的点校工作，本来由南开大学郑天挺先生领导几位同志一起搞的。初步点校工作已经完成，只有一些志还没有校完。由于"文化大革命"的关系，这工作中断了。到一九七一年再继续时，在校勘方面提出了新的要求，那时没有请郑天挺先生等参加。等到改写的校勘记排出来以后，再请郑先生和南开其他同志看，他们有意见，要修改。在校样上改，给工人造成很多困难。现在看来，当时在校勘工作上确实存在一些问题。就《明史》的志说，问题多的是《地理志》，《地理志》该用哪几种书来校，事前没有讨论，后来在引用什么书上发生问题。哪些该校，哪些不该校，事前也没有讨论。在这

086

方面要是事前讨论明确了再动手，或者发稿前把稿子交给郑先生审定，也不会引起后来的麻烦。

…… ……

审稿是重要的一步，但校对也很重要。有时稿子内容没问题，书印出来有错字，看了很不舒服。校对由校对同志负责，但编辑也有责任。中华书局最近出了一本书，作者姓"范"，在封面上印成"範"字，原来这本书用繁体字排，管封面的同志把"范"看作是"範"的简体，要改繁体，给改错了。有一本书，是山东大学教授高亨先生著作的，在版权页上排成高享，虽然版权页的字小，不显著，看了也很不舒服。因此，校对很重要；校对除了由校对同志校正外，编辑也要校；有时很普通的错字，校时会滑过去。所以除了校原稿外，还要通读，通读时会把普通的错字读出来。

对编辑工作，我实在谈不出什么来，只有老生常谈罢了。

（原载《编创之友》1981 年第 1 期，有删节）

钱先生的教导

周振甫

　　1948 年，上海开明书店出版钱先生的《谈艺录》，是我校对的。我校得并不好，还有错字。书出版后，钱先生读了一遍，校出了错字。钱先生送我一本有题辞的书。钱先生题辞说："校书者非如观世音之具千手千眼不可。此作蒙振甫道兄雠勘，得免于大舛错，拜赐多矣。"钱先生不批评我没有校好，还有错字，反而替我开脱，说除非有千手千眼，才可校得没有错字。我校得没有大错误，还要拜谢。说明钱先生对人特别宽厚。

　　1983 年 5 月，钱先生对《谈艺录》作了补订，补订的分量跟原书一样多。《谈艺录》补订本出来后，《文学遗产》约我写介绍文，我写了《谈艺录补订本的文艺论》，写了请钱先生指正。钱先生指出《补订本》596 页称："撰《谈艺录》时，上庠师宿，囿于冯钝吟等知解，视沧浪蔑如也。《谈艺录》问世后，物论稍移，《沧浪诗话》颇遭拂拭，学人于自诩'单刀直人'之严仪卿，不复如李光照之自诩'一拳打蹶'矣。"钱先生指出《谈艺录》出版前，大学里的师宿，即大师受到清人冯班《钝吟杂录》的影响，否定严羽的《沧浪诗话》。《谈艺录》出版后，严羽的《沧浪诗话》受到看重。这说明钱先生的书对学术界起到了好的作用。钱先生又指出"诗与禅之异趣分途"。《补订本》称："《元遗山诗集》卷十《答俊书记学诗》：'诗为禅客添衣锦，禅是诗家切玉刀'；下句正后村所谓'始铅椠事作葛藤看'须一刀斩断，上句言诗于禅客乃赘疣也。"钱先生指出《补订本》讲诗与禅的关系更进一步。和尚谈禅喜引诗句，其实禅与诗不同，禅要求悟，悟了就破除诗句，诗句成了赘疣，要割除。诗则非诗句不可，诗的妙趣就靠诗句来传达，没有诗句，就没有诗的妙趣了。《补订本》这样讲，胜过《谈艺录》

了。以上两例，拙文中都没有谈到，得到钱先生的指教，加以补充。

拙编《诗词例话》增订时，振把增订稿请钱先生指正。钱先生认为其中"形象思维"一节没有写好，钱先生把他的《冯注玉谿生诗集诠评》未刊稿论《锦瑟》诗的抄给我，作为拙编的"形象思维"节。钱先生称："'庄生晓梦迷蝴蝶，望帝春心托杜鹃。'心之所思，情之所感，寓言假物，譬喻拟象，如飞蝶征庄生之逸兴，啼鹃见望帝之沉哀，均义归比兴，无取直白。举事宣心，故'托'；旨隐词婉，故易'迷'。此即 18 世纪以还，法国德国心理学常语所谓'形象思维'；以'蝶'与'鹃'等外物形象体示'梦'与'心'之衷曲情思。"钱先生的解释还有，就引这一例，很好地说明形象思维，使《诗词例话》的再版本得以广泛流行，多靠钱先生的指教。

钱先生又允许《诗词例话》再版本引用了他的大著《管锥编》中的文章。《诗词例话》再版本先出版，钱先生的《管锥编》后出版。《诗词例话》中因引了不少钱先生的文章，海内外争相传观，这书流传到美国。美国密西根大学东方语文学系林顺夫教授于 1982 年 6 月在美国召开从汉到唐的诗论会，请钱先生去，钱先生不去。因见拙编中多引钱先生著作，来约振去，振的发言稿又承钱先生改正，振的去美参加会议，多得钱先生指教。

上海古籍出版社约振编《李商隐选集》，振向钱先生请教，钱先生赐书指教："樊南四六(李商隐的骈文)与玉谿诗(商隐诗)消息相通，犹昌黎文与韩诗也。杨文公(亿)之昆体(诗)与其骈文，此物此志。末派捁扖晦昧，义山不任其咎，亦如乾隆'之乎者也'作诗，昌黎不任其咎。所谓'学我者疘'，未可效东坡之论荀卿李斯也。"根据钱先生的指教，我写了李商隐"以骈文为诗"，指出这是钱先生的创见，为前人所未道。在对商隐诗的解释，多引钱先生《谈艺录》中的解释，这又多得钱先生的指教。

商务曹南应同志约我写《中国修辞学史》，我又向钱先生请教，钱先生指示，"《春秋》笔法"，是春秋时代的修辞学，金圣叹批《水浒传》是明末的修辞学。又从钱先生《谈艺录》、《宋诗选注》、《管锥编》、《七缀集》中学到钱先生讲的"博喻"、"曲喻"、"喻之二柄"、"喻之多边"及"通感"等，得到钱先生这样的教导，才能写出《中国修辞学史》，其中还有不少缺点和错误，这与钱先生无关。

我从钱先生那里得到的教导，远不止这些，这里就讲这些吧。

（原载 1992 年 9 月 30 日《新闻出版报》）

胡乔木

胡乔木(1912~1992)，原名胡鼎新，江苏盐城人。1930 年毕业于扬州中学，后就读于清华大学历史系。1932 年加入中国共产党，并从事宣传工作。1935 年在上海参加左翼文艺运动。1937 年 7 月赴延安，先后在中央宣传部等部门工作，并主编《中国青年》。从 1941 年 2 月起，任毛泽东秘书、中共中央政治局秘书，直至"文化大革命"前。在延安期间，协助毛泽东编辑《六大以来》等历史文献，参加《关于若干历史问题的决议》起草工作。1947 年 4 月，跟随毛泽东转战陕北，1948 年到河北平山县西柏坡后，任新华社总编辑和社长、中央宣传部副部长，起草过许多党的重要文件。

新中国成立后，先后任中共中央宣传部常务副部长、中共中央副秘书长、中共中央书记处候补书记、《人民日报》社社长、新闻总署署长等。先后参加《毛泽东选集》1 至 4 卷的编辑工作。"文化大革命"中遭迫害。1975 年任国务院政治研究室机要负责人，协助邓小平进行整顿工作。1977 年组建中国社会科学院并任院长。后任中共中央副秘书长、毛泽东著作编委会办公室主任、中共中央党史研究室主任、《中国大百科全书》总编委会主任。

胡乔木同志是无产阶级革命家、杰出的马克思主义理论家、社会活动家、著名编辑出版家。他对编辑出版工作有诸多建树。他倡导在中国建立编辑学。其著作有《胡乔木文集》(3 卷)、《胡乔木谈新闻出版》等。

出版工作是神圣的工作

（一九四九年十月十九日）

胡乔木

…… ……

现在有些写书的人对新华书店这方面的工作有些意见，究竟是他们正确，还是我们正确，我不很清楚，但是我们的耳朵可以放长一点，多听一听这个呼声，这是群众的呼声。有些书老早应该出版，后来拖延了，没有出版，后来甚至于把稿子都没有保管好。

稿件到我们手里，要使它能够出版，要看稿子，"编"底下还有一个"审"，政治上去考究它，这是第一。我们对稿子政治上要负责任，同时在技术上也要负责任，而且这方面的工作我们要做得更好一些，因为在政治上，做文章的人要负责任。他写一本东西，的确很好，可是也许里边有很多错字，也许有事实上的错误，进一步也许还有政治上的错误，这个稿子拿来，我们出版工作者，我们的出版家，就应该有这个责任，从这许多方面帮他修正过来。譬如说鸦片战争究竟是哪一年发生的，是1840年，他写成1940年，这是错了，但假设他写成1841年，这个事情就成问题，究竟是1840年，还是1841年，在那个地方究竟应该用哪一个年称？我们看稿子的人应该负责任。或者是文字上的错误，或者是标点符号的错误，我们都应该统统弄清楚。譬如有一部稿子，写统一战线的"线"字，前边是写"线"字，后边是"綫"字，究竟用哪个字很难说，但是不要在一篇文章里边前边用这个字，后边用那个字，我们看稿子的人遇到不统一的地方，应该把它统一起来。又譬如人名字有两种翻译法，比道尔，有人翻成皮杜尔，有人翻成贝道尔，如果这个地方用这一个，那个地方用那一个，我们要把它统一起来，这些技术上的工作应该做得

093

很仔细。做这种工作的时候，应该跟作家保持联系，征求他的同意，告诉他，你什么地方弄错了，现在我们给你作这样的修改。要把这部分工作做好是不容易的，我随便举个例子，我们新华书店印一本回文教科书，里边选了我一篇文章，这篇文章实在是很不好，我是不赞成选这篇文章的。那篇文章里边有几句话统统是错的，一看就知道，根本不行。原来登在报上就是有错的，后来选在书里边去不知道还是因为翻印的关系还是怎么样，错得更厉害。但是这本书成了回文教科书，大概是叫做《人人都要学会写新闻》。这篇文章实在很不好，向各位通知一下，如果哪些同志用，就告诉他不要用这篇文章。现在教科书都是四号字印出，那一段完全不通，根本念不下去，印什么呢？文字完全错了，丢了话，上下语气不能衔接，这样成教科书，实在是"误人子弟"。这个"误人子弟"不是出版家的责任，这是我的责任，我没早更正，这是我的错误，这就是说，这个事情不容易做，拿这篇文章来说，经过辗转翻印的结果就是这样错得很多。这方面的工作现在比以前当然好多了，从前因为有很多困难。的确有的新华书店(很多地方都叫新华书店，不知道哪一个地方)出的东西，不仅是个人的文章，就是有很多党中央的文件错字也很多，丢的很多，有的整个一行都画××，就这样印，这实在是我们的工作没有做好。固然现在我们已没有了这种现象，因为现在我们有了大城市，交通条件比较好了，但"从前，因为交通条件……"这样的话能不能拿来作原谅呢？绝对不能的。因为既然印这个东西，缺字就应该打电报，如果哪个地方拒绝我们书店打电报，那么，我们应该为这件事情向党中央起诉，就说这个电台拒绝发这样的电报。我想这个地方也许我们的工作还没有做到，这样印出有时发生很大误会，这就是我们的错误。所以使一个稿子从头到尾完全不错，这个工作实在不是一件容易的事情。

　　…… ……

　　另外就是校对，刚才也说了，编辑把稿子全部弄好了，应该加注解(可能加的)，应该写序文(可能写的)，这些都做了，然后就可以付印。付印时，编辑有一个工作补充，就是校对，校对实际就是编辑工作，也就是创作工作的延长。如果没有校对工作作为补充，创作者或者作家的工作也可以说是没有完成；这就等于一个工厂有许多产品，要使它达到消费者手里去必须有运输一样，如果没有校对工作，读者同原作者写的东西就不能见面，或见面也是歪曲的。刚才说了，有些书是编辑工作中没有做到的，因此缺了字、错了字也是摆在那里。不过有一部分工作是应该由校对工作同志负责的。编辑工作做到了，但是校对工作没有做到，这样，在书里头就依然叫人很难看，发生误会，使读者、作者都感到不愉快。这方面应该说，新华书店的校对工作还应该向其他许多书店学习。有几个书店校对工作是做得不错的。比如商务印书馆，校对工作就做得比较好，一本书里面错处很少，甚至没有。当然，他们校对的人较多，校对的手续也比较繁了，但我们不去讲这些，我们现在来强调我们的主观，我们应该把这种责任心提到更高，把我们的校对工作做好。校对工作实在不好做，不容易做就是要做。写一本书也是不容易，不容易的事情很多，所以要把校对工作看得很重要。鲁迅自己可以做校对工作，我们专门做校对工作，应该比鲁迅做得更好。毛主席也经常做校对工作，而且他对校对工作中的不仔细有种种方法去处罚。比如他在延安时，有很多文件油印出来以后，他看到有错误，便让你重写重印，一直到一点不错为止。这个工作就是这样，不能打折扣，说是"基本上完成了任务"，没有什么基本上完成任务，必须是从头到尾百分之百的完成任务，我们应该使我们的书一个字一个标点符号也不错。这要领导上下一个决心，要我们今天在座的同志们下一个决心，如果领导者都有这个决心，这个事情就好办了，就能够做成功。这并不是唯心的说法，领导者就是物质的力量，我们下决心就代表实际的东西，所以这个事情是可以做到的，这个决心要下得很苦。我们可以把所有的错字统统收集起来，开一个展览会，要所有的同志写出志愿书，保证从此后再不发生差错。商务印书馆是资本家的一个书店都能做到，我们无产阶级的书店不能做到?！而且是工人阶级领导的，应该使它一个字也不错。从今天起，是不是明天就没有错误了呢？这也许还有，但我们只要下了决心，事情还是可以做好的，我们不要做泄气的估计，如果这样的事情都不能解决，其他问题就更难解决。

（选自《胡乔木传》编写组编《胡乔木谈新闻出版》，人民出版社 1999年版，此为节选文中部分内容）

改进出版工作的几个问题

（一九五一年八月二十八日）

胡乔木

…… ……

我们现在出版的质量如何呢？我们常说："和解放前相比已经发生了根本的变化。"我们能不能就满足于此呢？不能够的。我们的出版物的水平比起国民党时代是提高了不少，但我们不能老讲这样的话，不然就是停顿、落后，我们应该有进一步的要求，从现在的水平着眼，再提高一步。

目前整个出版物的水平还很低，需要提高。要提高公营出版的呢，还是私营出版的呢？我们先不要把私营的出版放进我们的头脑。虽然私营出版业在出版物种数上还占全国的百分之五十三，在一半以上，但它在册数上只占百分之十七，其他百分之八十三都是公营出版的。所以不要把私营放在心目中，我们的重心不是为提高私营出版物而奋斗，而是为提高公营出版物而奋斗。

私营出版物是容易批评的，而且也批评了一些，目前它的数量只占百分之十七，将来大致也是保持这个比例，或许还要更少些。所以这是一个次要的问题，甚至还说不上是次要的问题。主要的问题是要把提高公营出版物的质量放在第一位，不然就是一种把旁人骂倒，和自己却没有关系的态度。

公营出版物质量不高是一个严重的问题，是责无旁贷，不能推诿的。至少百分之八十三的书出的好不好，就是在座各位负责出版工作同志们的责任。现在我们公营出版物达到的水平，是不是可以说：我们中国人的水平就是这样呢？不是的。有大量的出版物还是粗制滥造的，是不能容忍的，需要勇敢地把我们自己的出版物作一番检查。不然，被批评的私营出版社便会责备我们，说我们在消灭私营出版业，说我们"大公无私"，这种方式是不适当的。私营出版物很容易批评，问题是容易解决的，不会有多大困难的。主要的问题是在我们自己方面。要求我们的出版行政机关、出版社，应该为提高公营出版物的质量而奋斗，把这个责任坚决地担负起来。

这次大会印的参考文件《认真做好出版工作》中，有一篇列宁在一九一九年写给沃罗夫斯基（当时苏联国家出版局的领导人）的信，批评了国家出版局的工作，这封信很短，我来把它念一下：

读了一九一九年莫斯科国家出版局出版的九十九页的小册子《一九一九年三月六—七日的第三国际》（定价八卢布），我宣布对类似的出版物给予严厉的处分，并要求国家出版局编委会全体编委在读了我这封信以后要提出严肃的办法，以保证今后不再重复这种胡闹。

这个小册子出得可恶。简直一塌糊涂。没有目录。显然是一个白痴或拖拖拉拉的人，一个没有学识的人，在醉酒状态中把所有的"稿件"、论文、讲话收集起来，又杂乱无章地出版了。

没有序言，没有报告，没有决议的正文，没有把决议与讲话、论文、报道分开来，什么也没有，可耻之至。

伟大的历史事件被这样的小册子弄得可耻了。

我要求：（一）用粘贴的办法来修改。（把犯错误的人监禁起来，并且叫他把全部书籍都粘贴。）

通知我：

（二甲）出版了多少册数？

（二乙）已经发行多少册数？

（三）以适当的形式再版一次。把修改过的清样送给我看。

（四）规定制度，使得每一种出版物都有专人负责（立一本负责人签名册）。

（五）其他改善办法，这些办法拟好以后送给我一份。

人民委员会主席 乌里扬诺夫（列宁）

一九一九年十月二十四日

列宁这封信，我希望所有出版社都把它写一张，贴在编辑部的墙上，作为我们每个同志的座右铭。列宁在一九一九年所作的这些批评，对我们现在所有的出版社完全适用，我们有着同样可耻、胡闹，醉了两日似的搞出来，没有序文，杂乱无章的这样的出版物在出版。我们把列宁这篇文章译了出来，发表在人民日报上。但少做了一件事，就是没有通知各出版社进行讨论。现在应该补充，可通知各公营出版社好好讨论一下列宁这封信，检查一下子自己的工作，把讨论和检查的结果，送给出版总署。对私营出版社不去要求他们这样做，但如果他们自己愿意当然也好。

我们公营出版社是同样存在着列宁指出的那种混乱现象，我手边没有好的调查材料，今天临时随便在书架上找了一本书《艰苦斗争中的日本人民与日本共产党》，是新华时事丛刊中的一本，新华书店出版的（那时人民出版社还未成立）。这本书可以说完全适合列宁的批评。我们都知道，日本共产党的政治路线曾经发生混乱。共产党情报局在《争取持久和平，争取人民民主！》上发表社论，对日共领导人之一野坂参三的错误进行了批评。起初，野坂参三不接受，对共产党情报局的批评表示遗憾。后来，日共召集了中央委员会全体会议，北京人民日报也发表社论支持共产党情报局的批评，这次全体会议接受了共产党情报局的批评，纠正了错误。其后日本共产党又发生分裂，对这种分裂，北京人民日报又曾发表了两篇社论。出版这样一本书，应该宣传犯了错误是怎样纠正的。但这本书编辑是这样的：第一辑第一篇是人民日报第二篇的社论，以下是《世界知识》上几篇不相干的文章和德田球一在共产党情报局批评以前的文章；第二辑是《争取持久和平，争取人民民主！》和人民日报的社论，把野坂参三错误的声明也放在后面；第三辑是日本共产党中央不接受情报局批评的错误文件和接受了批评以后的文件并列在一起。这样一本书，告诉读者日本共产党发生了什么问题呢？把《争取持久和平，争取人民民主！》社论和人民日报社社论，与错误的声明放在一起，究竟是什么意思呢？日本共产党是错了还是没有错呢？共产党情报局和人民日报的社论是不是正确呢？都不能使人了解。这是自己不相信自己的批评，把能吃的和不能吃的混在一起，送给人家吃。《新华时事丛刊》常常把重要的政治事件与不相干不重要的都编在丛刊里，有一位读者曾经写信批评了这一点。人民出版社成立以后，这种情况也没有根本改变。

中央人民出版社存在着的这种混乱情况，地方人民出版社也是存在的，地方人民出版社出了一些好书，也出了一些乱七八糟的东西，对它的任务还不很清楚。所以，提高出版物的质量，是一项重要的任务。

有许多丛书，实际上是没有经过编辑的，只是随便地把文章收集起来，就往印刷厂送。这样的出版物仍在用最神圣的名义人民出版社出版，人民出版社应该是最神圣的出版社，如果我们不提到最高标准，还有谁来提高呢？我们的国家是工人阶级领导的，这是因为工人阶级是最先进的阶级，能够领导其他阶级向工人阶级所要求的目标前进。我们国家出版社要领导其他出版社，就要树立起自己的标准，打起人民出版社的旗帜，要求所有其他的出版社朝着人民出版社的方向前进。如果我们对自己的缺点熟视无睹，认为没有关系，慢慢地会好起来，怎么会有前进与落后的斗争呢？我们批评私营出版社，就是暗示私营出版社不对，要向公营出版社看齐。如果公营出版社自己不树立标准作为榜样，怎样叫私营出版社看齐呢？我们要以最高的标准要求自己，然后，以较低的标准要求私营出版社，这样才是合理的。

我们要消灭列宁所说的现象，《艰苦斗争中的日本人民与日本共产党》这本书，刚才已经批评过了，这只是举一个例子，并不是说这本书是最坏的了。这一类书要慢慢地看不到，做到国家出版社出版的每一本书，从内容到形式都要代表中华人民共和国的水平。在毛泽东领导的政府下面，书籍和国旗一样，是代表着我们的国家。要避免一切能够克服的错误和缺点。

出版行政机关需要做整顿出版的工作，困难是有的，例如没有人、缺乏经验、不知道如何领导等等。人是有的，我们有四亿七千万人口。经验已经有了许多，还需要继续增加。对出版事业要领导督促，把出版物的质量提高。对私营出版社要加以限制。这次出版总署拟了一个管理出版社的条例草案，规定出版社一定要有编辑部。出版社要有编辑，这和工厂一定要有工人一样，没有工人，就应该关门。现在有很多私营出版社没有编辑部，当然不好。不过我们回过来看公营，也有很多没有编辑部的，如果我们一定要订上这一条，首先就应下决心整顿公营。公营出版社与私营一样，没有编辑部的，如果要存在，就要建立编辑部，不然，亦在封闭之列。我们的国家，既然有决心派出志愿军打美帝国主义，建立编辑部，更可以有决心，这是一定能够做到的。当然建立不是容易的，但是只有建立了才能慢慢地由小到大，由弱到强。出版总署要审查各出版社的编辑部，公事公办，没有编辑部的，不论公营和私营，都不允许存在。出版行政机关要把出版社管理起来。如何监督公、私营出版社，应该规定各种办法。什么叫做编辑部呢？编辑部就是要有一定的人员负责资料工作，建立资料室，资料要可靠、正确；要有一定的人看文字，文字要通顺、合格；要有一定的人员负责对稿件作认真处理，有的要作者重新修改的给作者修改，自己修改了要通知作者等等。要有怎样的规定，这次会议应该加以讨论。要把我们出版社的信用建立起来，出版社对出版物要认为能完全负责，然后才去印刷，发行到市场上去。

出版行政机关要把现在的状况改变过来。过去是对公营没有管，对私营找麻烦。麻烦亦是应该找的，但我们应该以百分之八十三对公，百分之十七对私，这样才是合理的。

有的同志提出这样的问题：公营出版社的来头都很大，不听指挥，管不着。这是自己动摇不定，没有决心。出版总署是中央人民政府的机关，各地新闻出版局、处，也都是军政委员会或省、市人民政府的机构，应该尊重自己的权威，要为使这一权威发生作用而斗争。如果某些公营出版社对出版行政机关的管理置之不理，我们却不能置之不理，要提出控告，如果别的地方不接受控告，人民日报接受这个控告，在报上来个读者来信。

有的人说：出版社越来越多，没有垂直的领导，如人民文学出版社有三个领导机关，出版总署、文化部、中宣部，一国三公，会发生问题。有这三方面的管理机关，没有什么问题，不应发生什么矛盾，调整是不费吹灰之力。如果出版总署放弃了这种监督，首先应该是出版总署的责任。

把我们出版界的阵营整顿一下，应该显示国营出版社的严肃性。当然严肃并不是说不犯错误，错误仍然会犯，方法就是"纠正"，要有严肃的自我批评，这样就对了。为着改进出版物的质量，应该把书评工作有系统地发展起来。出版总署可以考虑出版一种评介书刊的刊物。现在在出版总署系统里，也出了一些内部刊物，但大部分是技术性比较重，应该办一个思想性刊物。人民日报曾出过"书报评论"副刊，有些出版社很不放心，常来问有没有批评他们的出版物的，现在这个副刊不出了，他们好放心了。应该使出版社永远不放心，让他们提心吊胆，这样出版工作才能向前推进。有条件的时候，希望出版总署发起出版一种专门评介书刊的权威刊物，来担负起这个任务。现在《学习》杂志等虽然也刊载了一些评介书刊的文章，但这是不够的，不能担负起这个任务的。

（选自《胡乔木传》编写组编《胡乔木谈新闻出版》，人民出版社 1999年版，此为节选该文的第二部分《出版的计划与提高出版质量》）

孙　犁

孙　犁(1913～2002)，河北安平人。原名孙树勋。早年在保定育德中学上学。中学毕业后，从事小学教学工作。1937年参加抗日工作。在冀中区编辑革命诗抄《海燕之歌》。1939年，在晋察冀边区通讯社工作，并编辑文艺刊物《文艺通讯》。后历任冀中抗战学院、华北联合大学、延安鲁迅艺术学院教员和晋察冀文联、晋察冀日报社编辑，并从事文学创作。1945年在延安《解放日报》发表短篇小说《荷花淀》。1946年编辑通俗文艺刊物《平原杂志》。新中国成立后，长期在《天津日报》做编辑工作。历任副刊科副科长、编委、顾问，主持《天津日报》文艺副刊编辑工作，并担任中国作家协会名誉副主席、天津作家协会名誉副主席。

　　孙犁长期从事党报的文艺副刊和文艺刊物的编辑工作，为解放区的文学事业和天津市的文学事业的繁荣、为培养文艺新人作出了杰出贡献。在编辑理论上多有建树。他是我国文艺副刊编辑的一个典范。

编　辑
——编辑笔记之一

孙　犁

　　作为编辑，他的工作对象就是稿件。编辑和投稿者——作者的关系，应该是文字之交，双方面关心的问题，应该是稿件，而不应该是其他。既办刊物，就需要稿件，因此，对于投寄来稿件，抱着一种欢迎的态度，这是很自然的事。既然投稿，就希望刊物采纳刊登，至少希望得到编辑的意见，求得长进，这也是很自然的事。

　　这种关系，前些年，叫"四人帮"给搅乱了。最初，以"工农兵占领文艺阵地"为旗号，一个刊物的编辑部，整天座无虚席。烟雾弥漫，高谈阔论，门庭若市。加上不停的电话铃响，送往迎来的客气话套，编辑是没法坐下来安静看稿的。

　　来客所谈，并非尽是关于稿件的问题，或者，简单地谈几句稿件的问题，就转到了别的方面：如探听小道消息，市场情况，有什么新产品出售，或根据来客的职业，问编辑们要捎带什么物品等等。这样，编辑部里充满了交易所的气氛，美其名曰：开门办报，接近群众。

　　而且不断有商品出现在编辑部里面，有时是处理牙膏，有时是妇女头巾，有时是裤衩。都是由各行各业的作者带来，编辑们围上去，你挑我拣，由一人负责收款。每买一次货物，半天的时间，群情振奋，不能工作。

　　毋庸讳言，有些编辑同志，业务水平不能说是很高。参加工作不久的青年同志，除去加强政治学习，应急起直追地学习业务。编辑的业务学习，方面很广。编辑知道的东西，应该比作者要多些。要加深文字修养。要浏览百家之书，不怕成为一个杂家。

105

要熟悉社会各行各业的生产、生活和语言。要熟悉农村、工厂、部队，包括种地、生产、作战的具体知识。不知道这些，就没法改稿，或改稿出笑话。

要参考前人编辑刊物的经验，也包括反面的经验。当务之急，是先学习鲁迅主持编辑的刊物，如《语丝》、《莽原》、《奔流》、《萌芽》、《文学》、《译文》等。应该学学他在每期刊物后面所写的"后记"。从鲁迅编辑刊物中，我们可以学到：对作者的态度；对读者的关心；对文字的严肃；对艺术的要求。

对待作者要亲切也要严肃。这主要表现在对待他们的稿件上。熟人的稿件和不熟人的稿件，要求尺度相当。不和投稿者拉拉扯扯，不和投稿者互通有无。(非指意识形态，指生活资料。)

对待投稿者不摆架子，不板面孔，但也不因为他有所呈献而青眼相加。编辑是一种工作职称，目前"张编辑"、"李编辑"的称呼，不太妥当。

改稿时，知之为知之，不知为不知。不认识的字，不知道的名词，就查字典，或求教他人，或问作者，这都是工作常规，并不丢人。

作者原稿，可改可不改者，不改。可删可不删者不删。不代作者写文章(特别是创作稿)。偶有删节，要使上下文通顺，使作者心服。

敝帚自珍，无论新老作者，你对他的稿件，大砍大削，没有不心痛的，如砍削不当或伤筋动骨，他就更会难过。如果有那种人，你怎样乱改他的文章，他也无动于衷，这并不表现他的胸襟宽阔，只能证明他对创作并不认真。

(历史经验：在三十年代，《文学》编辑傅东华删了周文的小说，删的太多而不妥，周文找上门去，时称"盘肠大战"事件。)

不轻易召作者到编辑部，有事写信商量。这样互不干扰日常工作，保持编辑部正常秩序。鲁迅说，他从来也不轻易召作者到编辑部来。

改错稿举例：

(一)把原来字数相当的一副对联，改成了一句长、一句短，这是不对的，因对联不是标语。

(二)把一个解放区作者自传性的文章中的"回到冀中"，错改为"回到北平"，这很可能是因为字体易混排错了，编辑没有看出。而当时北平为敌占区，如以后有人根据此文，审查作者历史，岂不麻烦？

106

例(一)为常识欠缺；例(二)为粗心大意。

例(一)是编辑只求文字内容无错误，忘记了这是一副对联。例(二)是编辑对历史背景不大了然，看到主人公从张家口出发，"经过宣化"，就以为他一定是坐火车到北平去了。其实主人公是坐火车到宣化，然后步行，经涿鹿、易县回到冀中。

编辑有责任把文章中的标点弄好。因为就是有经验的作者，有时对标点，也不太认真讲求。标点很重要。

错误标点举例：

第一次排印的《鲁迅日记》中，有一段话为：川岛惠赠图章一枚，文曰："迅翁"，不可用也。

编辑标为：文曰："迅翁不可用也"。这成何话语。

不为改稿而改稿，即不是为了叫组长看自己的工作成绩，而故意把稿子大加删改，涂抹很多。

对稿件严肃认真，就是尊重作者，其他种种，都是无谓的客气。如发表作品，不要有恩赐观点或投机心理。能做到坚持原则，不做风派人物，那就更可贵了。

刊物要往小而精里办，不往大而滥里办。这不只是为了节省财、物、人三力，主要为了提高创作的水平。编辑选登稿件越严格，应之而来的一定是创作水平的提高。反之，则会降低创作的水平。

刊物要有地方特点，地方色彩。要有个性，要敢于形成一个流派，与兄弟刊物竞争比赛。

（原载《天津文艺》1978 年第 7 期）

107

谈校对工作

孙 犁

　　我国的文化，优良的传统之一，就是重视书籍、报刊的校对工作。凡是认真读书的人，有事业心的出版家，有责任心的编辑人员，都重视校对工作。因为，有好文章，固然是第一义，但如果没有认真的校对，好文章也会变为不好的文章，使人读起来别扭，甚至难以卒读。至于写文章的人，当然就更注意校对了，因为这一工作的负责与否，直接关系到他的文章的社会效果。

　　在我国，历代的读书人，都重视书籍的版本，校雠成了一种专门的学问。

　　在古代，校书的人，都是很有学识的人，一般说，校书的人，比起写书的人，知道的还要多些。有些青年作者，要出版著作，都是请先辈校正，并列衔于书前。鲁迅先生曾为不少青年作家校正文稿和出版物，他用的名称叫"校字"。

　　古代的书，抄写或是刻版，都是很困难的。书的印数和印出的时间，都受到限制，流传不广。越是如此，出版者的校对工作越是认真。有很多古书，抄写或刻印，都是作者或编辑者亲自校对，一字不苟，一笔一画都有讲究。有很多好的版本流传下来，使我们祖国的文化，得以发扬光大。

　　宋代和清代刻书，都很重视校对。明朝印书虽多，但很随便，所以有人说："明人刻书而书亡。"特别是清朝，有很多校书的名家，他们有的是收藏家，有的是考据家。经过他们校对的书，名望很高，大家都乐于得到，奉为典型。

近代印刷术进步，书报发行量大多了，流传更广了，校对工作，就更繁重。因此，大的出版业，都特设了专门校对的机构，校对工作才从编辑工作中分工出来。并形成一种社会习惯，好像校对人员比起编辑人员要低一等，其实不然。有些老的校对，正像老的排字工人一样，是很有学问很有经验的，常常为一般编辑所不及。过去商务印书馆出版的书，在版权页印上校对者的名字，以明职责，这种办法很好。

近几年来，我们国家的文艺刊物增加了，内容质量非本文所及，姑且不论，只就校对工作而言，有不少是不能令人满意的。

按照通常道理，校对工作的质量，直接影响刊物的质量，也能影响刊物的信誉和发行数量，本应得到重视。但是在目前，好像有的刊物并不注意发行多少，对于信誉，也不大在乎。原因是它并没有成本核算，发行多少，赔钱多少，并不与编辑人员的事业前途、经济利益有关。这样，刊物编辑部就容易沾染官场习气。稍有文字工作履历的人，都提拔到了领导岗位。一个刊物有多层领导，名字虽不见于版权页，确实都有官称。当然，问题并不在于官称，而在于这些领导的责任感，他们并不重视刊物的校对。一般文艺刊物，并没有校对科，校对工作，由编辑来做。他们让一些青年同志去做，这些青年在知识文化水平方面，因为前些年的教育问题，一般都很低。

按说，一个刊物的主编或副主编，除去要看全部稿件外，还要看看每期的排样。编辑部主任、组长，就更不必说了，对印出的每一句，每一个字，都要负责任。最近，我看到《长春》文艺月刊，每一篇文章之后，都注明责任编辑，错字，确实很少。最近一期，登了我的一篇短文，因为字句的问题，他们就曾两次寄信和作者商榷，非常认真。

一篇同类性质的文章，我寄给了《长城》文学丛刊。他们把原稿誊抄一次。发排后把清样寄给我，其中错误很多。我马上把校样寄回，附信请他们照改。结果刊物一到，令人非常不快，并且非常纳闷。

那是短短一篇文言文，两千来字。其中一句是："余于所为小说，向不甚重视珍惜。""所为"误为"所谓"。好像我不是对自己所作小说，而是对一切小说，都不重视珍惜了。为什么这样改，我还想得通，可能是编者只知"所谓"一词，不知"所为"一词所致。

令人费解的是，文中的文言的"亦"字，全部改为白话的"也"字，共

109

有六处。这显然不是排错，也不是抄错，而是改错的。这岂不是胡闹？

我也曾自我检讨：现在，你弄什么有"复古"倾向的文言文？这很可能是对你的一种惩罚！

我的校样寄去之后，也一直收不到编辑部的回信，没有任何解释。我估计，凡是"负责同志"，都没有注意到这些错误，也不重视这种现象。我在这里特意提一下，算是为自己的文章，作个更正。

不认真读书的人，或者说，错个把字算得什么，何必斤斤于此呢？

真正读书的人，最怕有错字，一遇错字就像遇到拦路虎，兴趣索然。

我读过一部印刷粗劣的小木版的《笑林广记》，错字之多，以及错字的千奇百怪，使人实在读不成句。我左猜右猜，并寻找它出错的规律，勉强读下去，就像读一部"天书"。

后来，我问到一位内行人。他说，你看的这种小书，本来是和"天地灶马"一同印刷出版的，在那个地方，刻书的都是妇女，并不认识字。她们把样本贴在木板上，就用刀子去刻，东一刀，西一刀，多一刀，少一刀，她们都不在乎，有时是随心所欲地来上几刀。因此就出现了那么多奇怪的错字。她们是家庭副业，快快刻完印出来，是为的拿到庙会集市上去卖钱，她们完全不是为了做学问。

啊，这，我就明白了。

在旧社会，出一本刊物，是多么困难，卖一本书，又是如何困难。读书买书，都要经过多次考虑，掂斤簸两。虽不希望字字珠玑，也希望读起来怡心悦目。如果读起来错字连篇，像走坑坑洼洼的道路，何必又花钱买书呢？现在国家重视文化，出这样多的财力、人力、物力，办刊物出书，如果连校对工作都不认真去做，岂不是南辕而北辙吗？

1979 年 11 月 14 日

（选自《孙犁文集》第 5 卷，百花文艺出版社 1982 年版）

关于编辑工作的通信

孙 犁

××同志：

承问关于编辑的事，拖延已久，现溽暑稍退，敬举如下：

我编过的刊物有：1939 年晋察冀通讯社编印的《文艺通讯》；1941 年晋察冀边区文联编印的《山》。以上二种刊物，都系油印。1942 年《晋察冀日报》的副刊，以及此前由晋察冀边区文协编的《鼓》，也附刊于该报。1946 年在冀中区编《平原》杂志，共六期。1949 年起，编《天津日报》文艺周刊，时间较长。

这些刊物，无赫赫之名，有的已成历史陈迹，如我不说，恐怕你连名字也不知道。但对我来说，究竟也是一种工作，也积累了一定经验。

我编辑的刊物虽小，但工作起来，还是很认真负责的。如果说得具体一点，我没有给人家丢失过一篇稿件，即便是很短的稿件。按说，当编辑，怎么能给人家把稿子弄丢呢？现在却是司空见惯的事，特别是初学者的稿子，随便乱丢乱放，桌上桌下，沙发暖气片上，都可以堆放。这样丢的机会就很多了。

很长时间，我编刊物，是孤家一人。所谓编辑部，不过是一条土炕，一张炕桌。如果转移，我把稿子装入书包，背起就走，人在稿存，丢的机会也可能少一些。

丢失稿件，主要是编辑不负责，或者是对稿件先存一种轻视之心。

我一生，被人家给弄丢过两次稿件，我一直念念不忘，这可能是自己狭窄。1946 年在河间，我写了一篇剧评，当面交给《冀中导报》副刊的编辑，他要回家午睡，把稿子装在口袋里。也不知他在路上买东西，还是干什么，总之把稿子失落在街上了。我知道后，心里很着急，赶紧在报上登了一个寻物启事。好在河间是个县城，人也不杂，第二天就有人把稿子送到报社来了。1980年，上海一家杂志社的主编来信约稿，当时手下没有现成的，我抄了三封信稿寄给他，他可能对此不感兴味，把稿子给弄丢了。过了半年，去信询问，不理；又过了半年，托人去问，说"准备用"。又过了半年，见到了该杂志的一位编辑，才吐露了实情。

我得到的经验是：小稿件不要向大刊物投，他那里瞧不起这种货色；摸不清脾气的编辑，不要轻易给他寄稿；看见编辑把我交给他的稿件，随手装进衣服口袋时，要特别嘱咐他一句：装好，路上骑车不要掉了！特别是女编辑，她们的衣服口袋都很浅。她们一般都提着一个手提包，最好请她把稿子装在手提包里。但如果她的手提包里已装满点心、酱肉之类，稿件又有被油污的危险。权衡轻重，这就顾不得了。

有各式各样的刊物，有各式各样的编辑。有追求色情的编辑，有追求利润的编辑，有拉帮结伙的编辑。这些人，各有各的志趣，常常做出一些令人难以理解的事情来。投稿前，必须先摸清他们的脾胃。

我的习惯，凡是到我手下的稿件，拆封时，注意不要伤及稿件，特别不要伤及作者的署名和通讯处。要保持稿件的清洁，不要给人家污染。我的稿子，有时退回来，稿子里夹杂着头发、烟丝、点心渣，我心里是很不愉快的。至于滴落茶水，火烧小洞，铅笔、墨水的乱涂乱抹，就更使人厌恶了。推己及人，我阅读稿件，先是擦净几案，然后正襟危坐。不用的稿子，有什么意见，写在小纸条上，不在稿件上乱画。

我不愿稿件积压在手下，那样就像心里压着什么东西。我总是很快地处理。进城以后，我当了《天津日报》的"二副"——副刊科的副科长，职责是二审。看初稿的同志，坐在我的对面，他看过一篇稿子，觉得可用，就推到我面前。我马上看过，觉得不好，又给他推了过去。这种简单的工作方式，很使那位同志不快。我发觉了，就先放一下，第二天再还给他。

我看稿子，主要是看稿件质量，不分远近亲疏，年老年幼，有名无名，或男或女。稿件好的，立即刊登，连续刊登，不记旧恶，不避嫌疑。当然，如果是自己孩子写的作品，最好不要在自己主编的刊物上发表。

刊物的编辑，如果得人，人越少越好办事。过去，鲁迅、茅盾、巴金、叶圣陶办刊物，人手都很少。现在一个刊物的机构，层次太多。事情反倒难办，也难以办好了。我年青时投稿，得到的都是刊物主编的亲笔复信，他们是直接看初稿的，从中发现人才。

我不大删改来稿，也不大给作者出主意修改稿件，更不喜欢替人家大段大段做文章。只是删改一些明显的错字和极不妥当的句子。然后衔接妥帖。我也不喜欢别人大砍大削我的文章，不能用，说明理由给我退回来，我会更加高兴些。有一次，我给北京一家大报的副刊，寄去一篇散文，他们为了适应版面，削足适履地删去很多，文义都不衔接了。读者来信质疑，他们不假思索地把信转来，叫我答复。我当即顶了回去，请他们自己答复。

现在有些人，知识很少，但一坐在编辑位置上，便好像掌握了什么大权，并借此权图谋私利，这在过去，是很少见的现象。

我当编辑时，给来稿者写了很多信件，据有的人说，我是有信必复，而且信都写得很有感情，很长。这些信件，经过动乱，保存下来的很少。我自己听了，也感慨系之。

进城以后不久，我就是《天津日报》的一名编委，32 年来，中间经过六任总编，我可以说是六朝元老，但因为自己缺乏才干，工作不努力，直到目前，依然故我，还是一名编委，没有一点升迁。现在年龄已到，例应退休，即将以此薄官致仕。其他处所的虚衔，也希望早日得到免除。

就是这个小小的官职，也还有可疑之处。前不久，全国进行人口普查，我被叫去登记。工作人员询问我的职务，我如实申报。她写上以后，问：

"什么叫编委？"

我答：

"就是编辑委员会的委员。"

她又问：

"做哪些具体工作？"

我想了想说：

"审稿。"

她又填在另一栏里了。

但她还是有些不安，拿出一个小册子对我说：

"我们的工作手册上，没有编委这个词儿。新闻工作人员的职称里，只有编辑。"

我说：

"那你就填作编辑吧。"

她很高兴地用橡皮擦去了原来写好的字。

在回来的路上，我怅怅然。看来，能登上仕版官籍的，将与我终老此生的，就只是一个编辑了。

在我一生从事的三种工作（编辑、教员、写作）里，编辑这一生涯，确实持续的也最长，那么就心安理得地接受承认吧。

以上说的，都是过去的事。有些近于自我吹嘘，意在介绍一点正面经验。很多事，我现在是做不来了。

种瓜得瓜，种豆得豆，这是自然现象。人生现象，则不尽然。时间如流水一般过去了。过去，我当编辑，给我投稿的人，现在有很多已经是一些大刊物的编委或主编了。其中有些人，还和我保持着旧谊，我的稿子给他投了去，总是很热情负责的。例如在北京某大报主编文艺副刊的某君，最近我给他寄去一篇散文，他特地给我贴了两份清样来，把我写错的三个字都改正了，使我非常感动。

但在旧友之中，也发生过不愉快的事。去年，我试写了一组小说，先寄给北京一位作家，请他给我看看，在当前形势下，是否宜于发表，因为他身处京师，消息灵通。他来信表示，要删掉一些字句，并建议我把三篇小说，合为一篇，加强故事性。我去信说：删改可以，但把三篇合为一篇，我有困难。请他把稿子转交另一位朋友，看后给我寄回来。

正当此时，上海一家刊物听说我写了小说，电报索稿，我就把家里的三篇原稿，加上新写的两篇，寄去了。北京的友人，忽然来信，说他参加编辑的刊物要用此稿。我当即复信给他，说不能这样办了，因为稿子已经给了上海。但他们纠缠不已，声称要垄断我的稿子。以上内容的信件，我先后给他们写了五封，另外托人打了两次长途电话，一次电报，均无效。我不知他们要闹成什么样子，只好致函上海刊物停发。最后，北京那家刊物竟派了两个同志，携带草草排成的小样，要我过目。我当即拒绝这种屈打成招的做法，并背对背地，对我那位友人，大发一通牢骚。

我心里想，当初你们给我投稿，我对你们的稿件，是什么态度？对你们是如何尊重？现在，你们对待我的稿件，对待我，又是如何的不严肃，近于胡闹？其实，这都是不必要的，后悔不已。

近年，我的工作，投稿多于编辑。在所接触的编辑中，广州一家报纸的副刊，给我的印象最深刻。稿件寄去，发表后，立即寄我一份报纸，并附一信。每稿如此，校对尤其负责。我是愿意给这样的编辑寄稿的。按说，这些本来都是编辑工作的例行末节，但在今天遇到这种待遇，就如同见到了汉官威仪，叫人感激涕零了。

亲爱的同志，回忆我的编辑生涯，也是不堪回首的。过于悲惨的事，就不必去提它了。就说十年动乱后期吧，我在报社，仍作见习编辑使用，后来要落实政策了，当时的革委会主任示意，要我当"文艺组"的顾问，我一笑置之。过了一个时期，主任召见我，说：

"这次不是文艺组的顾问，是报社的顾问。"

我说：

"加钱吗？"

他严肃地说：

"不能加钱。"

"午饭加菜吗？"

他笑了笑说：

"也不加菜。"

"我不干。"我出来了。

但"市里"给我"落实"了政策，叫我当了"天津文艺"的编委，这个编委，就更不如人了。一次主编及两位副主编召我去开会，我奉命唯谨地去了，坐在一个角落里。会开完了，正想站起来走，三位主编合计了一下，说：

"编委里面，某某同志写稿很积极，唯有孙某，一篇也还没有写过，难道要一鸣惊人吗？"

说完，三个主编盯着我，我瞠目以对，然后一语不发，走了出来。

后来，揪出了"四人帮"，那位主编下台了。我给这家刊物写了一篇散文，那两位仍在管事，先是要我把散文分做两篇，他们挑一篇；然后又叫我把不是同一年代发生的事，综合成一件事。我愤怒了，又喊叫一

115

通，把稿子收了回来。

总之，对待作者，对待稿子，缺乏热情，不负责任，胡乱指挥的编辑，要他编出像样的刊物来，是不可能的。

在过去很长的年月里，我把编辑这一工作，视作神圣的职责，全力以赴。久而久之，才知道这种工作，虽也被社会看作名流之业，但实际做起来，做出些成绩来，是很不容易的。有人把它看作敲门之砖，有人把它看作高升之阶；你是个老实人，也很可能被人当作脚踏的砖石，炫耀的陪衬。比如被达官显宦、作家名流拉去，一同照个相，作个配角。对于这些，你都要看得开些，甚至躲开一些。不与好利之徒争利，不与好名之徒争名。不要因为别人说你的工作伟大，就自我膨胀；不要因为别人说你的工作渺小，就妄自菲薄。踏踏实实，存诚立信，做好本职工作。流光易逝，砖石永存，上天总不会辜负你的。虽然这是近于占卜的话。

现在，刊物不是太少，而是太多了，而且方兴未艾，有增无减。在艺术宫殿值班的神，不是绿衣少年，就是红妆少女。这是一种艺术繁荣的景象。你正当壮年，应该继往开来，承上启下，把编辑工作的好传统，例如鲁迅、茅盾的传统，发扬而光大之。我写到的几件旧事，也并非心怀不满，妄图发泄，不过举一些例证作为教训。

写到这里，已近深夜，而窗外蝉鸣不已，想到不应该再唠叨下去，浪费你的宝贵时光了。即祝安好吧！

孙　犁

1982 年 8 月 12 日下午至 13 日下午

（原载《人民文学》1982 年第 10 期）

116

王子野

王子野(1916～1994)，安徽绩溪人。1930 年进上海亚东图书馆当练习生。1938 年到延安入陕北公学学习，同年加入中国共产党。曾任中共中央书记处图书资料室副主任、中央军委编译局翻译处处长、编译局秘书长、中共中央华北局宣传部出版科长、出版委员会委员。

新中国成立后，历任出版总署编审局处长，人民出版社副总编辑兼副社长、社长兼总编辑。1975 年后，任国家出版局副局长、国家出版委员会主任委员、中国出版工作者协会主席。他是全国政协第二、三、四、七届委员，第五届全国人大代表。

主编有《当代中国的出版事业》、《槐下居丛稿》，译有《西洋哲学史简编》、《思想起源论》、《论戏剧》等。

我国出版史上的一件大事

王子野

编辑工作究竟有无用处，至今还是个有争论的问题。认为编辑工作可有可无，或者干脆持编辑工作无用论者也还不乏其人。这种思想是错误的，但它还有一定的市场。我认为编辑工作是出版工作中不可缺少的组成部分。可以设想一下，出版社如果没有编辑部，那将是一种什么状况？岂不乱了套了。书刊没有编辑就出不了精品，只能出些错误百出的粗劣品。错误是人所难免的，任何一个高明的作者都不能保证自己的作品一点差错都没有。举例来说，郭沫若同志是第一流学者，他的著作也当然是高水平的，但他从不自认为他的著作绝无失误和差错。他早期的名作《中国古代社会研究》30 年代在上海出版。解放后从 1954 年起改由人民出版社重排出版。看来这样的书只要照排照印就行了。可是郭老自己重新审阅修改了一遍还不放心，他特别嘱咐出版社的编辑要认真审读，尽量提出问题，不要有顾虑。出版社的编辑果真提了大大小小一百多条，送请郭老复核。退回的书稿除了少数几条外，他基本上都同意照改。他在新版引言中说："感谢出版社的同志们，费了很大的工夫从事整理、核对引文、校勘全著，订正了不少文字上的错误。"由此可见编辑不是可有可无，而是大有作为。再如，周振甫同志曾给钱锺书的《谈艺录》担任责任编辑，对原稿作了认真的校订。书出版后钱先生很满意，写信表扬道："校书者非如观世音之具千手千眼不可。此作蒙振甫道兄雠勘，得免于大舛错，拜赐多矣。"像郭沫若、钱锺书这样的大学者都如此重视编辑工作，其余的作家谁能不承认编辑的作用。

（节选自《王子野出版文集》，中国书籍出版社 1997 年版）

119

秦兆阳

秦兆阳(1916～1994)，湖北黄冈人。1937年毕业于武昌乡村师范。1938年赴延安陕北公学分校和鲁迅艺术学院美术系学习和任教。1940年在华北联合大学文艺学院任美术系教员。1942年后曾任冀中《黎明报》社社长。1945年至1948年先后任《前线报》副社长、《歌与剧》月刊主编和《华北文艺》编辑。

新中国成立后，先后任《人民文学》小说组组长、《文艺报》执行编委、《人民文学》副主编等，1980年任人民文学出版社副总编辑兼《当代》主编，是著名作家和编辑家。

主要著作：短篇小说有《平原上》、《农村散记》；长篇小说有《在田野上，前进！》。发表编辑学论文多篇。

编辑的苦与乐

秦兆阳

青年作者李频写了一本有关文学编辑工作的书，由人民文学出版社已故老编辑龙世辉的爱人谢素台同志陪同来找我，要求我为这本书写篇序言。由于种种原因，我向来不爱为别人的著作写序。近年来脑力、视力、精力衰退，不能阅读长篇书稿，就更加不能写序。但这一次我不能坚决拒绝。原因有二：一、据说这本书稿是以龙世辉同志的某些经历为线索探讨一些编辑工作中的问题，这不能不勾起我对龙世辉同志的怀念。二、我自己是个文学期刊的老编辑，没想到现在竟然有人专门对"编辑学"很有兴趣，这不能不对我有所触发。

于是我就想趁此机会借题发挥谈一点感想。

文学书刊的编辑工作，如果抱着敷衍了事的态度去做，并不困难；如果想认真负责地把它做好，就很不容易。不容易之处何在？细说起来话太长，只能略举数端简述如下：一、年年月月，看稿选稿退稿，沙里淘金，要有恒久不衰的极大的耐心。二、组稿约稿读稿改稿校稿，往往反复多次，总起来可以名之为"磨稿"。要善交朋友、懂得写作、理解生活、善于思考，而且同样也是要有恒久的耐心。三、甘当不出名的评论者、不要报酬的创作参谋、不计私利的辛勤园丁；而且"关系"复杂，好心未必能得好报。四、既要严格把关，又要百花齐放，情况复杂，责任重大。因而必须经得住"左"右的以及其他种种气候、种种思潮的冲击和干扰。因而可能会发生这样那样的波折，形成这样那样的苦恼。因而不但要受得住，担得了，而且要善于接受教训，矢志不移。……学习啊！思索啊！要想当一个好的编辑，就永远要勤于学习，勤于思索。

　　然而，一个好的编辑又总是乐在其中。发现了好作品，其乐无穷。发现了新作者，其乐无穷。所编的书刊受到读者欢迎，其乐无穷。给文艺事业添砖添瓦，其乐无穷。深知工作的价值意义，其乐无穷。……理想产生热情，热情生发乐趣，快乐排除烦恼，于是干劲十足。

　　从五四新文学运动开始，在30年代的革命文学运动中，在战争年代的革命文学运动中，在新中国的社会主义文学运动中，有多少辛勤劳动热忱奉献的好编辑！他们是文艺大军中的特种兵，是文艺大厦的垫脚石。他们往往是名不见经传，功不见史籍，然而如果没有他们的热忱奉献，革命的文学事业怎么能够不断地发展壮大，直到今天！

　　今天，随着我国经济建设的迅速发展，加快精神文明建设的重担正落在当代人的肩膀上了。因此，也必须从文学书刊编辑工作的角度提出要求——应该充分吸取过去的经验教训，应该更好地继承和发扬优良传统。

　　祝愿新时代的文学园地里，出现更多的为了崇高的理想而热忱奉献的好编辑！

　　（此文为秦兆阳同志为李频撰写的《龙世辉的编辑生涯——从〈林海雪原〉到〈芙蓉镇〉的编审历程》一书写的序。该书由河南大学出版社1992年10月出版，本文题目为原编者所加）

124

韦君宜

韦君宜（1917～2002），女，湖北建始人，生于北京。1934年就读于清华大学哲学系，曾任《清华周刊》编辑。1935年，投身"一二·九"爱国学生运动，次年加入中国共产党。1939年赴延安做青年工作，编辑《中国青年》杂志，并开始文学创作。

新中国成立后，担任共青团中央宣传部副部长兼《中国青年》总编辑，后调任北京市委文委副书记。1954年调作家协会，担任《文艺学习》主编。1960年调入作家出版社（后并入人民文学出版社），先后担任总编辑、社长等。

创作长中短篇小说多部，晚年写的回忆录《思痛录》影响较大。另著有《老编辑手记》，发表编辑理论文章多篇。

为人民当一名德才兼备的好编辑

韦君宜

编辑光有德不行，还要有才，要德才兼备。编辑的才首先是专业修养，要学习，要知识广博。我们往往有一种概念，认为这个人写小说不行，让他去当编辑吧，这是不对的。编辑是另外一行，不是写不好小说的人才去当编辑。编辑处理稿子首先要有修养，能辨别作品好坏。一般地看看作品好坏，是任何一个读者都可以的，编辑不能只有这个水平。编辑要知道作品何以好何以坏，为什么读者喜欢或者不喜欢。不喜欢的是真的不好，还是读者没这个水平。编辑必须学习，读许多书，掌握较多的知识，作品中所写的那些事情必须基本知道。除读文学作品外，还要读许多理论，读马列主义，读文学理论，要有理论修养，以文学理论来说，什么《歌德谈话录》，前些年提倡的别林斯基、杜勃罗留波夫的著作，中国古代的诗话、词话、《文心雕龙》等中外古今著作都要读，都要懂一些，要有这方面的学问。有些文学爱好者不读书，只看当前的刊物，一个编辑这样是不行的。不学习，你的鉴赏能力提不高。不知道高的什么样，也分辨不出中的低的什么样，所以要善于学习，要有知识。我是半路出家当编辑的，后来发觉自己不胜任，那时我编《文艺学习》，林默涵同志开了一大张"文学青年必读书目"。我把这张表贴在家里墙上，看过一本圈掉一本，过一些时间全看完了。看得多了，自然有用，到现在还有用，因为有这个底子，稿子是好是坏，达到什么水平，有什么问题，才能说清楚。我们年轻时常说我们这一辈的学问比前辈差远了，鲁迅先生年轻时就写了《中国小说史略》，现在的许多小说史料是他搜集的，许多观点是他提出来，今天看仍是大胆的新奇的，没有广博的学问是提不

127

出来的。郭沫若的广博众所周知，与文相关的领域几乎都涉及到。茅盾先生和我接触过，古今中外几乎无所不知。我们这一代外文底子都不足，来了外宾没有几个能与人家直接谈话，而这种情况对某些外国的编辑和作家来说是不允许的。出版局的评定业务职称的规定，要求凡副审以上必须精通一门外语，我们没有几个能精通的，按这条要求谁也不行。下一代的编辑、作家不应该再是这样子，应该青出于蓝而胜于蓝，应该努力学习。不单是文学和外语要学，经济学、自然科学……知道得越多越好。当编辑要碰到各种知识，范围广得很。不学习，只凭小聪明写点小文章，不只成不了大作家，也成不了好编辑。

编辑常产生一种创作的苦恼，自己也想写点东西，对此我认为应该赞助。写什么，应该结合自己工作考虑。我在许多年前就开始写小文章，但不是为当作家，实实在在是为了当好我的编辑。一个字不写没法当好编辑，因为你要和许多作家来往，你一字不写，人家不知道你主张什么，就没有共同语言，所以编辑写一点东西是必需的。我常对编辑们说，你们写东西我决不反对，需要时间可以给一点，这有好处，可以锻炼编辑眼光。编辑要写出一篇评论文章就得认真思考一下，指出它的优点是什么，问题在哪，从中看出你的理解是深是浅。但如果是以编辑工作为据点，认为可以写文章往刊物上塞，这就是旁门左道了，用这种办法当不了作家，天下也没有这样的作家。

编辑看稿子不能以自己的好恶做标准，喜欢洋气华丽的就觉得朴素的不好，喜欢风格朴素的就觉得意识流的要不得，这都不对。编辑都要改稿子，这是加工，好比理发匠，头发是别人的，我给他剪短点，剪得漂亮点。句子不顺的给改一改。句子啰唆、不生动，这样的地方给他提意见请他自己斟酌，不能替他改。你既不是他的老师，也不是检查官，发现不符合政策的就改成符合的，这也不恰当，还是要和作者商量而不要自己乱动笔。作者所写的许多生活中风俗习惯，你不理解又随便乱改，是极容易出乱子的。有一个编辑把清朝人写的说话体小说中的"列公"、"看官"全改成"读者"了。"读者"这个称呼是现在才有的，那时怎么会有呢！出这样的笑话就是缺乏知识所致。所以，碰到自己不懂的问题必须要查，要问，一点不能马虎。

编辑和作者应该互尊互谦。作者的稿子编辑不能乱砍。有时作家精心结撰的地方，被我们随便给改了，这是编辑应该注意的；但完全不动也不行。有的作家，作品写得不错，但错别字真不少，还有主语、宾语分不清，念不通顺的，必须给他改动。但要动得准确恰当，不能冒冒失失。做必要的改动而又不过分，这是大有讲究的事情。做编辑重要的不是改人家的文章，而是给作者提出正确的意见，帮他当参谋，有的作家是需要有参谋才能写好作品的。我替别人当许多年参谋，我觉得我不是坏意。我是希望他把作品改好。有时主意出坏了，或者有时作者坚持自己意见我不便再提，因而影响作品的质量，这种情况也有。有的作家常常抱怨编辑，说把他的作品砍坏了、改坏了，意见不小。但从我自身写作的经验看，我常常觉得编辑的意见是有用的，哪怕只是一句话，对我也有很大启发，甚至觉得没有编辑，我的文章就改不好。所以编辑要博学多识，严肃慎重，不能轻率；作家要谦虚谨慎，好学深思，不能骄傲。

（原载《上海出版工作》1983年第2期，此为节选文中的第三部分）

129

胡　绳

胡 绳(1918～2000)；1918年1月生于江苏苏州。1931年九一八事变后升入苏州中学高中，1933年在上海复旦高中读书，1934年考入北京大学哲学系。一年后中断学业，返回上海投身革命，同时一边自学一边写作。1937年抗日战争爆发后到武汉。1938年1月加入中国共产党。在以后的几年中，先后在武汉、襄樊、重庆、香港工作，主编和编辑多种报刊，并在这些地方参与党在文化方面领导机构的工作。1946年至1948年先后在上海、香港从事思想文化工作。

新中国成立后，先后在政务院出版总署、中共中央宣传部、中共中央党校、中共中央政治研究室、中国社会科学院任重要职务，并先后担任人民出版社社长、《学习》杂志主编、《红旗》杂志副总编辑等。他曾是中共十二届中央委员，第四、五届全国人大常委，第七、八届全国政协副主席。

胡绳同志是马克思主义理论家、哲学家、史学家，也是无产阶级革命编辑家、出版家。他一生著作丰硕，其著作收入《胡绳全书》(七卷十册)近370万字。

在人民出版社进行工作检查的
动员会议上的讲话

（1951 年 8 月 27 日）

胡　绳

人民出版社是国家的政治书籍的出版社，在整个出版事业中应该具有特殊重要的地位。全国许多公私出版社都把眼睛看着我们。固然我们也必须向其他各出版社学习他们的好的经验，但他们当然有理由要求我们在出版工作上做出一个好的榜样来。因此，如果我们的工作健全，就能带动全局。

同志们，我们既然是做的国家政治书籍出版社的工作，我们就有责任和其他各国家出版社共同努力为出版事业树立一个严格的标准。我们的每一新出版物一定要是在政治上必要的和正确的；我们的出版物一定要是从内容到形式，在印刷、装订、插图上都是考究的；文法、标点没有错误；引用的材料都经过严格的审查。我们的出版物要能让人看到新中国的出版物确是有高度的标准的。这个标准当然并不是死的，而是要不断地提高的，因此我们的努力也无穷无尽。我们就要不断地检查工作，随时克服工作中的缺点，为更高的标准而努力。

我以为，根本原因可以归结到下面这两点。第一是，我们对所做的工作的重要性认识不足；第二是，我们还没有为自己的工作提出具体的标准，并定出严格的制度和纪律。

何以见得我们对工作的重要性认识不足呢？

这就表现在我们还没有严格地从政治上来规划我们的工作，估计我们的每一种出版物。我们还没有认真想到每一本出版物都是对千百万群众起巨大的思想领导作用的。既然我们所做的工作并不是在国家生活中无足重轻的事情，而是在国家生活中占有重大地位的，那么在我们工作

133

中的一个哪怕是最小的疏忽和缺点也会成为整个国家生活中的污点。不明确认识这一点，是做不好工作的。

（选自袁亮主编《中华人民共和国出版史料》(3)，此为节选文中的一、三部分，中国书籍出版社 1996 年版）

关于人民出版社的工作报告

（1951 年）

胡　绳

　　从原稿到出版到底应该经过多少手续，谁签字批准，我们应该有个制度；出版总署成立以后不久，叶副署长便已经指出了。一本书的稿子从作家手里到出版社付印，送到排字房是一个非常重要的关键，对一本书怎样能送，怎样不能送，应该采取严格坚决的态度，一定要有主要负责人签字。在社长签字以前，应由许多人分门别类的签字，修辞和核对资料的，对所做工作也要负责签字；数目字必须重新检查计算，图片是否完备，封面装帧也要经过检查和签字；负责人对一切过程都满意了，从政治上考虑没有问题，才能出版发行。必要时也应送有关机关和专家审查。当然并不是说分别签字意味着总负责人就可以不负责了。出版社总负责人对出版物负责签字的办法，过去我们没有做，是不对的，主要负责人对出版物应该审查，应该签字。苏联马尔库斯说过，苏联每出一本书要经总编辑及社长签字，编委会通过以后才由社长下命令付印；发行时，认为可以发行的才发，样本要送审。这些方面人民出版社和地方人民出版社是应该做到的，要做到这些与完整的制度有关，许多个别的事应该由各方面负责，然后总负责人负责，这样的严格性是完全必要的。我们对出版一本书还没足够认真地负责考虑，有的书可以销到上百万本，一本书的影响有时很大，100 万本书便不止影响 100 万人，书对于人的生活工作在某种意义上比报纸的影响更大，经常要和人们接触，把一本书送到读者那里去便是要能够经常作为顾问的，可以放在书架上随时查考，我们的书是以国家名义送到读者手里的，因为我们是国家出版社，这个顾问是要随时跟在读者旁边的，我们对这一点的认识是不够的。即

135

使因此而使书出得慢、出得少也是应该的。出版社主要负责人应该熟悉所有的出版物，希望出版行政机关来检查负责人是否签字看稿，如果没有看，可以撤职，必要时查办，也是应该的。

（节选自袁亮主编《中华人民共和国出版史料》(3)，中国书籍出版社1996年版）

陈 原

陈　原(1918～2004),广东新会人。1938年毕业于中山大学工学院土木工程系。20世纪30年代投身于新文字运动、世界语运动。先后在广州新知书店、国际反侵略会广东分会、广西桂林新知书店、桂林实业书局、上海和香港的生活书店、北京新中国书局从事编辑出版工作。

新中国成立后,一直从事编辑出版工作。曾任三联书店编辑室主任;1951年起,先后任世界知识出版社副总编辑、中国国际书店副经理、人民出版社副总编、文字改革出版社总编辑、文化部出版局副局长;1972年6月起,为中华书局、商务印书馆负责人之一;1979年10月起,先后任国家出版局党组成员,商务印书馆党委书记、总编辑、总经理。他在从事编辑工作的同时,对语言文字研究有很深造诣,曾任国家语言文字改革委员会副主任、主任,中国社科院语言文字应用研究所所长等。

陈原是杰出的编辑出版家,他是"韬奋出版奖"荣誉奖获得者。他在出版岗位上参加了"知识丛书"、"汉译世界学术名著丛书"和《汉语大词典》等大型图书的编辑工作,在学术界产生广泛影响。其编辑理论研究论著有《陈原出版文集》等。

商务印书馆的出书规模和质量问题

陈　原

【题解和思考】　我从 1979 年 8 月正式主持商务印书馆后，1980 年初拟出关于去年情况(1979)、今年安排(1980)和五年设想(1980～1984)的草案，交付全体讨论；4 月 18 日领导小组又召开干部会，我对这个草案作了报告，其中第二节专谈出书规模和质量问题，5 月 27 日编入《工作简讯》1980 年 31 期(5 月 27 日印出)。中国出版工作者协会编印的《出版工作》1980 年第 8 期(总第 38 期，8 月 5 日出版)予以转载，并加了编者按：

"这是陈原同志在商务印书馆领导小组召开的干部会上，就《去年情况、今年安排和五年设想》所作的报告中的第二节。我们认为，报告的这一部分对我们广大的出版工作者，特别是对出版单位的领导同志和编辑同志们来说，是很有参考价值的，因此征得陈原同志的同意在本刊予以发表。"

139

我想着重讲一下我们商务印书馆在未来 5 年中出书的规模和质量，尤其多讲几句质量问题。衡量一个出版社办得好坏，首先看什么呢？我认为首先不是看它赚了多少钱，而是要看它出了多少好书。具体地说，出书的品种是不是符合自己的方针任务？是不是当好"伯乐"，发现了"千里马"？出书的质量是不是达到当时的思想水平和学术水平？等等。在印发的五年设想草稿里，关于出书规模只提出了两点要求：一是每日出书一种，二是要有"保留书目"。日出新书一种，在商务这样的大出版社，要求不算过分。王云五时就标榜过"日出新书一种"。王云五提的"日出新书一种"，其实不都是新书，即不完全是初版书。王云五时做到了，我不相信我们就做不到。我们设想，如果假日节日除外，全年要出书（初版及重版）306 种，才能号称"日出一书"。我想，去年我们出书 210 多种，今年也差不多，如果加一把力，我们就有可能到 1982 年（建馆 85 周年）时做到"日出一书"，假如 1982 年不行，到 5 年终了即 1984 年就一定要达到，也一定能达到。达到了有什么意义？那就意味着增加品种，大家都知道我们学术书籍品种还是大大不够的。至于保留书目，对一个出版社来说，是头等重要的事；没有保留书目，就不能有文化积累。如果我们出一本书，"扔"一本书，那么，办出版社就没有什么成效了。所谓"扔"，主要是"四人帮"和极左路线的流毒影响。赶"形势"，出了书就过时，积累不下来，还有对过去出的书一棍子打死，统统否定。另外还有几种情况，一是内容经不起考验，出了一版就没有生命力了；二是内容还不完善，如果出版后听取评论者、研究者、读者的意见加以修订重版，那就是可以保留的书目了，如果因不完善而废弃，那就等于"扔"了；三是质量虽不错，但是出版部门发行部门谁也不管它，让它自生自灭，久而久之人家也记不起出过这部书了，这也等于"扔"掉。无论哪一种情况，都是对文化积累不利的。现在安定团结，我们有条件做到出书一步一个脚印，出一本是一本，出了书就经常关心它，完善它，实在不行的淘汰它。如果我们的淘汰率是 50%（这是最大限度的了），那么，我设想 10 年后即到 1990 年，我们可以积累到 1000 种左右"保留书目"，再加上 1958 到 1980 年这一段大约有 1000 种，那末，加在一起我们就会有 2000 种左右的"保留书目"，就成为新的"万有文库"了！王云五时的"万有文库"第一集（1929～1933）仅 2000 册（注意，不是 2000 种，例如一部小说往往分印成 5 册到 10 册），第二集（1934）也不过 2000 册。如果我们在未来 10 年中拥有 2000 种左右的社会科学和语文工具书，那么，我们的新"万有文库"就会对提高全民族的科学文化水平有所贡献。

关于出书规模就讲这些。下面想讲讲出书质量问题。

办好一个出版社，首先要讲究出书质量。搞出版的首先靠什么？靠质量。要在编辑部门、出版部门牢牢树立起靠质量的思想。

提高出书质量，是要付出艰辛劳动的。质量不是抽象的，它有很多具体要求。比方说，首先是出书要有目的性，用行话来说，是"选题"要

140

选得对，选得好。你为什么要出这部书，得在提出选题时充分考虑。不能单纯因为有人想写，想译，你就不假思索地列入选题计划。也不能因为它可以赚钱，就出；不赚钱，就不出。当然更不能像几年前那样，赶"风"。我们切不可当风派。我们商务今年80％的书籍品种都要亏本，但因为它对文化、科学有益，我们还是兴高采烈地去出。要周密考虑，出这部书对提高我们的科学文化水平有什么好处？好处有多大？会产生什么样的社会效果？同类的选题以前出过吗？如果出过，这部书稿会有存在的价值吗？是对前人的补充还是有所突破？或者是另一个学派？……总之要前前后后左左右右地联起来考虑，随便提出一个选题报批，这是不值得提倡的。如果你提出要出这部书而不知道为什么该出这部书，那么你先用用脑子，查查书，请教别人，然后作出判断来，再决定是否列入选题计划。应当记住，提出选题是严肃的事。

书稿质量，很难定出一个绝对标准，更没有一个检验天平，称一称，是3斤还是5斤。检验书稿质量不能靠简单的办法。我们商务这个单位可能好办些，比方黑格尔的《美学》，世有定评，你所考虑的不是原文质量，而是译文质量(译文质量今天就不讲了)。如果处理著作稿，那就是另外一回事了。习惯上说，作品要"持之有故，言之成理"，或者说，要"言之有物"，反对八股、空谈。有些学科的研究已经达到很高的水平，写书的质量自然要求高些；有些学科还在开步走，要求太高就没有了。要相对地看，实事求是。有的边缘学科才建立，也不能要求太严。编辑部(或责任编辑)不同意作者的学术观点，能不能说那部书稿质量低？不能。学术观点不能强迫人家改变，译文风格也一样不能强迫人家修改。因此，编辑与作者的学术观点不同，而书稿又确是严肃劳作的成果，那么，就应当接受出版。但这不适用于政治问题。政治问题，外交问题，出书一定要严格考虑。有的政治问题外交问题可以内部讨论，可以党内议论，但是在一定时期不能公开出书(甚至不能内部发行)，这一点必须牢记。

书稿质量同出书质量不完全是一码事。出书质量除了正文质量以外，还包括序言、出版说明、目录编排、索引、插图、校对、封面、装帧等等，这些部分的质量和正文质量加在一起，才是出书质量。正文写得很好，如果错字连篇，怎能说是出书质量高呢？我这里想特别提一提序言(出版说明)和索引。我认为我们的序跋以及出版说明，要从多年来的"序

141

言八股"中解放出来，要从政治标签的八股中解放出来，要从打棍子的咒语谩骂中解放出来。我们出过一本英国前首相麦克米伦先生的回忆录，出版者序言把他骂得狗血淋头，说是帝国主义的辩护士呀，垄断资产阶级的看门狗呀，等等等等，反正骂得很难听。这位前首相来了，中央领导同志接见了，他提出要中译本，害得我们连忙撕去序言，另外装订几本送给他。给读者交代作者的立场观点是应当的，对某些学术著作完全可以有批评性或商讨性的序言，但是不要开口就骂人，不能使用大字报式的语言。恶语伤人不是我们的作风。骂不好，捧就好么？也不好。我们主张实事求是，不要动廉价的打骂吹捧感情。出书是严肃的社会活动，再也不能做这样的蠢事了。至于索引，在商务来说，特别要引起大家注意。学术著作(无论著译)，如果没有索引，那将影响出书质量。不要小看了索引，有的名目是明的，也有的是暗的，明的暗的都能入索引，那么这份索引才具有较高的质量。一个编辑，一个助理编辑，必须学会做索引，不但学会，而且乐于做索引——这是无名英雄的事，但这是值得称赞的事。

142

应当记住，出书质量不是"检查"出来的，质量从来都是从认真细致的艰苦劳动中产生的，绝不是几个编辑室主任或总编副总编"检查"提高的。对三审制可以有种种不同的理解，但不能以为实行三审制质量就一定提高了。把关是需要的，但单纯把关决不能提高质量。如果哪个总编副总编以为靠他"把关"，就能提高出书质量，那是一种不切实际的梦幻。当然要有检查，事先的和事后的，但检查(特别是几个"关"以及事后检查)只能防止乱子，挑出次品，总结经验，加深对某些规律的认识，检查本身不能提高成品的质量。提高出书质量最主要的担子落在责任编辑(责任校对，责任美术人员)身上。所以一定要提高责任编辑(以及其他基层业务人员)的水平(思想水平、科学水平、业务能力)，这是实践作出的结论。就这一点来说，如果我们能够在 5 年内创造种种条件大大提高我们业务人员的水平，如果我们每一个从事独立工作的同志都能自觉地利用主观和客观的条件拼命地提高自己的水平，那么，我们商务的出书质量才算有保证。

1980 年 4 月 18 日

(选自《陈原出版文集》，中国书籍出版社 1995 年版)

编辑的语言文字修养

陈　原

【题解和思考】　1988 年《中国语文》杂志编辑部跟中国文化书院合办了一个全国文字编辑讲习班。我应邀在结业式那天讲了一课，题目就是编辑的语言文字修养问题——我的演讲不是课堂讲授那样有着严密的系统性，只谈了一些作为一个老编辑多少年来遇到的语言文字问题。这里所载，不是讲稿，也不是记录稿，而是事后根据我讲话提纲写成的文本。当时听讲的不只有出版社的文字编辑，还有地方报纸的文字编辑；讲话后他们提出了若干问题，我即席作了答复——所有这些，也都纳入现在写定的文稿里。根据这份讲稿提纲，我在近两三年又在其他地方讲过几次，各次内容都略有不同，现在的文本是偏重对一般编辑讲的，而不只是针对专做文字修饰工作的编辑讲的。

143

　　我是一个编辑。半个世纪以前，当我初入社会参加进步的出版工作时，我就做编辑。虽然我现在从事语文规范化的工作，但我自己认为我仍然只不过是一个编辑，或者说，是一个广义的编辑。我爱编辑这个行业。我今天要讲的题目，就是一个编辑的信条；当然可以说是一个文字编辑的信条，或者是一个编辑在处理语言文字时的信条。几年前，我在好几个场合演讲过编辑的"自我修养"——政治上，思想上，学术上的自我修养，我不重复我过去讲过的那些话；我今天着重讲语言文字方面的修养。

一

编辑的首要任务是驾驭语言文字。

我这里说的"编辑",是广义的,不只指文字编辑或书稿编辑;我指的是所有方面的编辑,包括报刊编辑、技术编辑,甚至美术编辑,我认为,做任何方面的编辑工作,都应当而且必须驾驭语言文字。

我这里说的"驾驭",也是具有广泛意义的。我指的是一个编辑应当而且必须能够熟练地掌握语言文字。

所有这一切都是因为:语言文字是一切编辑工作的基础。语言文字是报刊或书籍编辑工作最基础的东西。

在今天这个信息化时代,人们都可以理解:语言文字是信息载体,当然它本身又是信息系统。语言文字是当今人类社会最常用的、甚至可以认为是最重要的信息载体。没有语言文字,就很难想象如何进行信息交换和思维活动。对于一个编辑来说,没有什么东西比之语言文字更重要了——凡是要准确地、精确地、有效地传播信息、交换信息、处理信息,就必须首先熟练地运用或掌握语言文字这个工具,这个系统。

刚才我讲信息活动时,我用了三个定语:准确地、精确地、有效地。这是借用信息论的论点和术语;其实就是从前我们常常说的三个更通俗的词语,即准确性、鲜明性、生动性——这三性其实就是要真实(不真实的信息是编辑的大敌),确切(如果不能用恰当的语言来表达信息,即使这信息是真实的,也达不到原来预期的目标),动人(如果加上打动人的因素,那么,信息传递就更加有效了)。

运用、掌握、驾驭语言文字,这是作为一个编辑首先要意识到的。

从前,旧社会的刀笔吏——"讼师"——也很会运用语言文字来达到他的卑鄙的目的。大家可能听过一个恶棍讼师的故事:

有一个阔少在镇上跑马,伤了人,被人告到官府去,状子指控这个阔少"驰马伤人";一个恶棍给阔少帮了忙,把告他的状子上"驰马伤人"四个字改成"马驰伤人"——没有改一个字,只不过换了换两个字的次序,〔驰马〕改成〔马驰〕,不是阔少"驰"马伤了人,而是那匹野马在镇上乱跑(马驰),以致撞伤了人,与阔少有什么关系呢?这位阔少不过碰巧在马驰伤人的一刹那在镇上走过罢了。

这种恶棍专门为阔人的利益而巧妙地(当然卑鄙地)运用了语言文字这个工具，把白的说成是黑的，而且证明他这样做是符合逻辑的。

这个故事也许是旧时有良心的知识分子为表达对恶棍的愤恨而编造出来的；我讲这个故事是提醒各位：语言文字对于一个编辑是多么的重要。

不久以前，一个著名的作家——萧军辞世了。我看到一则电讯的导语，用了不寻常的语调来传播这个信息。导语说这位老作家"默默地告别了他那坎坷的八十一个春秋"。既及时(电讯发于老作家辞世的第二天)，又准确，用字不多却富有情感。说他默默地辞世，而不是像大人物那样在众多的首长、部下和贵宾的注视下离开人间，他默默地去了，正是一个朴素的形象；坎坷的一生，精确地(只用"坎坷"两个字，表达了千言万语)写出了这位老作家在几十年间所遇到的不公平待遇，而毕竟他活下来了，并且活了 81 个春秋——老作家带着信心、顽强地而且一定是达观地度过了艰难的岁月：这句话精确，因为它符合老作家的性格。就这么短短的一句话，多么的动人心弦啊！这就叫做语言的艺术。每一个合格的编辑，都应当是一个语言艺术家；如果一时驾驭不住语言文字，他就应当努力去学会驾驭这基础的工具，然后努力成为一个能把语言文字运用自如的文字编辑。

145

西方有这么一句惯用语，叫做 The devil is in the details，我不知道这句话该怎样翻译才最确切。它的意思是说，文本(外交的、贸易的、法律的或其他方面的照会，协议书、合同、契约等文书)的细节(字、词、短句、字序，等等)里有个魔鬼。文本中的细节就是文字；广泛地说，所有谈判(口语)和文本(书面语)的细节就是语言文字(或语言文字要素)。在这中间，常常有个魔鬼在作弄人。你一不小心，就会被藏在语言文字细节中的魔鬼打败。近年在开放的社会条件下，我们吃这魔鬼的亏已经屡见不鲜了。因此，凡是运用语言文字来进行信息传递和信息交换的活动，都应当有一个能驾驭恶魔的编辑。

四

第四，做编辑不要过于自信，必须经常请教字典（词书）这个永恒的老师。

人的知识是有限的，人的记忆更是有限；而社会生活的变化却是无穷的。人的记忆意味着将信息存储在大脑的数据库里，以备必要的时候拿出来应用。人脑数据库所存储的信息，调不出来，用通俗语言来说，就是忘记了——忘记了可能有两种意思，或者是根本没有将信息存到数据库去，因为人接收的信息太多，很大的一部分信息在人脑中只作短暂的停留（从几秒到几十秒），没让它记住；或者是已经存入人脑的永久记忆库，然而由于现在还不太清楚的原因（或机制），某些信息在需要的时候硬是调不出来。前一种是没记住，后一种倒是真的忘记了。其实某些信息一时虽已忘记，可是在某种条件的刺激或诱发下，忽然又记起来了——这就证明这些信息本来已存储在数据库里。还有一种奇怪的现象，存储在数据库中的几个信息搞混了，张冠李戴，或者时间人物换错了。所以人们常说：记忆往往是骗人的。某事你记得是 1931 年发生的，而别人却记得发生在 1932 年。除非有文献资料或旁证核实，这种记忆的混乱往往得不到正确的答案，正是公说公有理，婆说婆有理。很多回忆录之所以互相径庭，就是因为记忆往往是不准确的。

编辑不能单凭记忆来处理文稿，如果他图省事，只凭主观记忆去改稿，十之八九要出错的。他如果怀疑文稿中某个字用错了，某句引语引错了，某个注解的出处搞错了，某个典故用得不确切，某个年月可疑，某个人物不清楚——他只能去请教老师，决不可自以为是，决不要过于自信。

请教老师：这老师可能是活的——那是人；比较多数的场合这老师却是"永恒"的——那就是字典、词典、百科全书等等统名叫做"工具书"的那种出版物。所有字典词书都是信息存储库，同现在用电子计算机作数据库是一个道理。在信息化时代，人们在电子计算机上查核数据，就如同多少年来我们用字典词书来查核数据一样。

在编辑室里陪伴着编辑的是"永恒"的"老师"：字典词书。经常去请教这些"永恒"的老师，这是一个合格编辑必须养成的习惯。我说，查书是编辑的习惯；要成为一种习惯，这就好了。

我这里讲一件真事，50年代初有一位受人尊敬的老同志看新印行的《封神演义》时，发现有这样的句子：

棋逢敌手，将遇作家。

句子同记忆中的"棋逢敌手，将遇良才"不一样，他没有去查字典词书，却相信自己的记忆，认为"将遇作家"肯定是"手民之误"。武人（"将"）怎么会同文人（"作家"）势均力敌呢？一定是那位责任编辑搞昏了，时刻记住作家协会的作家，给良才改成作家了。这位老同志让我向编辑部提出改正的建议。我呢，一则底子薄，才学浅；二则懒，过于自信——不肯去查书。倒是给一位有基础的编辑揭穿了："将遇作家"的作家，在一千几百年前不是中国作家协会的作家，而是"内行"、"里手"之意。其实查一查例如《辞源》这样的类书，便可以立即解决这个先入为主的误解。这个事件给我很大刺激，很大教训，对于像我这样学问底子不深厚的编辑，要避免错误，首先就要打破过于自信那种观念，同时要不怕麻烦，经常去请教字典。

当然，字典词书也不是万能的——你要查的，偏偏没有；你不想查的，满纸都是。不要去挖苦词书的编辑们，挖苦他们是不公平的，因为人世间的信息如此之多，到现今人们常说已达到了"信息爆炸"的程度，你怎能怪编辑不把所有信息装到一部或几部词书里去呢？我就碰到一个十分十分常见的外国字，却花了我十几年工夫才给找到了精确的语义——这也是一个真实的故事。1966年8月，文化部的"头头"们，被圈到"牛棚"去——我那时在文化部工作，自然也被圈进去了。有一位"棚友"（不能称为"难友"吧，因为这虽是一场灾难，究竟这"牛棚"不算"监牢"）问我手表背面有几个外文字，其中一个incabloc是什么意思。一看，我的手表背面也有这么一个字。我不认得这个字。后来"牛棚"的戒律稍稍开放，人们允许查阅字典词书，没有一部书收录incabloc这个字，从"牛棚"到"干校"，我在一切场合向所有我接触到的"永恒"的老师请教，也没见到这个字的影子。俗话说，光阴似箭，好容易这场灾难过去了，大约是在1979年或1980年，我在瑞士苏黎世住了一夜，无意中在旅馆的宣传品中发现了incabloc这个字的释义，真是踏破铁鞋无觅处，得来全不费功夫，原来incabloc是瑞士钟表行业用语，是一种申请了专利的

147

防震机制。好家伙！incabloc 一字费了我 15 年！我连忙写信告诉我那位"棚友"——幸而他还健在，他还记得问过我这个字而不曾得到解答。

查字典成为一种习惯，对于读者可能只是有益的，但对于编辑，这就不仅仅有益，而且是必需。

五

第五，千万不要强加于人。

编辑没有任何权利把自己的语言文字习惯强加于别人，强改别人的文稿。我这里不是讲学术观点，编辑不同意原稿的学术观点，而作者又言之成理，持之有故时，一个合格的编辑也必定尊重作者，决不要求他改动观点。我此刻讲的是语言文字：如果一个编辑拿到文稿时，他按照自己习惯的那一套语言文字用法加以"统一"，那么，他改过的所有文稿都只有一种风格、一种文风、一套语汇，无所谓个性了——且不说被"统一"了的作家心里不服气，就是看到印出来的文稿千篇一律，"定于一"，定于这一个编辑，那也不太舒服吧？

148　　　　合格的编辑从不"好为人师"。一个合格的编辑，绝不轻易改动人家的文稿——尤其不轻易改变作家惯用的语言文字用法；但是一个合格的编辑知道，他必须改正文稿中偶尔写错的，用错的字或词，他必须坚决改正原稿中的一切笔误或明显的或常识性的错误。哪怕是名作家，哪怕是治学十分严谨的作家，也会发生意想不到的笔误或错误。一位名家前文写了一个电影名字《望乡》，下文讲同一部电影时却写了《故乡》——改还是不改？当然改。因为作者是名家，以为他两处讲同一事物而用不同的用语必有深意，所以不敢改动——这是不必要的顾虑。除非你有怀疑，查考以后也确定不下来，你可以向作者提出疑问或建议，这种审慎的态度是受到作者称赞的，总之，不要把个人语言文字习惯用法强加于别人。

不强加于人，尤其适用于对待翻译文稿。比方英语中这么一句话：

There is a book on the table.

十个翻译家可能有十种(甚至不止十种)翻译法，例如：

桌子上有一本书。

有一本书放在桌上。

…… ……

你可能熟悉或惯用其中的一种。但你最好不要按照你自己惯用的框框去改动别人的译法。除非文稿中译成：

> 桌子上有一个苹果。

你当然应当把"苹果"改成"书"，这是用不着踌躇的，这绝非强加于人，因为原文本来是"书"而不是"苹果"。

这个道理说起来似乎都可以接受，但一到实际，就不那么容易办了。每一个编辑都顽强地认为自己所熟悉的表现法为最优方法，因而他有一种强烈的愿望要把他这一套劝说别人照他的办，劝说自然可以，但不能强加。劝说而人家不听，那即使你自认为人家的表现法不及你的表现法，也不能随意去更动人家的。这是一个合格编辑的美好品德：宽容、尊重，而又不失时机地进行规劝。

至于高级文字活动(例如译诗)，那就更不能强加于人。诗的翻译不说不可能，至少可以认为要译出"神韵"来是太难了——按字翻译自然容易些，但那也是因人而异。语言学大师赵元任教授翻译 Caroll 的《阿丽思漫游奇境记》的续编《阿丽思漫游镜中世界》，是花了很大气力的，这部续编最后一首类似打油诗的跋诗，有两句译得简直妙绝了：

> 梦里开心梦里愁，
> 梦里岁月梦里流。

仿佛如见其人，如临其境，如闻其声，如得其神。可是请看看原文：

> Dreaming as the days go by,
> Dreaming as the summers die.

如果一个不熟练的编辑，把上引两句译诗改为一个字一个字直译，例如末句你写作："一个夏天一个夏天消逝去"，白则白矣，可没有传神。为什么一个夏天又一个夏天？而不是春天，秋天，冬天？the summers 不过是表达"岁月"，不是指具体的那么一个又一个夏天；die 是死去，逝去，消逝，上文用了个"岁月"，下文正好用个"流"字，因为现代汉语惯用"岁月如流"这样的表达法。把 dreaming(在做梦，做梦之时，梦中，梦里)拆成"梦里""梦里"，符合汉语诗词习惯，读起来不单顺口，而且传神。万一把这两句改成按字直译，恐怕就没有"神"了，而原作者那种"打油"味道则更消失了。

　　这是个极而言之的例子，我引来无非提醒大家，千万不要将自己所熟悉的语言文字习惯用法强加于人——不是怕得罪人，而是不利于文学事业的开展。

　　（选自《陈原出版文集》，中国书籍出版社 1995 年版，此为文中的第一、四、五部分）

萧也牧

萧也牧(1918～1970)，浙江吴兴人。1937年中学毕业后，到上海一家机电制造厂当工人。1938年赴晋察冀边区参加抗日斗争。先后在该区行署办的《救国》报社工作。后在五台地委编《前卫报》。抗日战争胜利后，在张家口编《工人报》。

　　新中国成立后，在共青团中央宣传部编青年教材。1953年后，在中国青年出版社担任文艺编辑室副主任，分管传记文学组。1954年与张羽、黄伊一起创办《红旗飘飘》丛刊。他曾参与《红旗谱》等著名作品的编辑出版。

　　他的作品大都收入《萧也牧作品选》。

编辑·作者·作品

萧也牧

　　编辑部的来稿中，有一部分稿件，由于编辑部逼稿过甚，而作家失之匆忙；或由于作家急于作品问世，失之草率；或真正由于作者的水平所限，或二者兼而有之……送来的作品，往往是"半制品"，劳动过程尚未完结。这里就产生了一个如何处理的问题。干脆退掉，觉得可惜，因为里边确有好东西。马上拿去付排，又觉得对读者——自然同时也是对作者，没有尽到一个编辑的责任。对于这样的作品，本来满可以提出编辑部的看法，退给作者，让作者自己去走完尚未走完的路程。

　　然而有些编辑部，有些编辑，有时候偏偏不这样做。本来在某些编辑部里，在处理稿件的"工序"中，就有一项叫"加工"。"加工"不就是对"半制品"才有用的么？

　　如果"加工"仅仅意味着文字的润色，个别错字的纠正，个别字句的更动，问题倒并不大，有时还是有益的(但经过整理后的原稿，应该让作者过目，并且得到作者的同意。作品毕竟是作者写的呵!)。但是现行"加工"的范围，远比这大得多。既包括文字的修改，也包括内容大量的增删，甚至包括局部或全部的重写。一部作品有时要经过三四个乃至七八个编辑的"加工"，过一道手，原稿上总要增加些什么或删掉些什么，红、蓝、绿、紫、黑各色的笔迹都有，宛如一张彩色地图。如果当真开起"原稿展览会"来，就能看到这样的"地图"。有时，一部二十万字的稿子，一经"加工"，剩下了十五万字，乃至十万字。真正似乎要把"半制品"变成"成品"了。

　　是不是这种"半制品"当真这样不行，需要动这样大的手术？所有"加

153

工"之处，到底比"原料"高明多少？这仍然是个"?"。

尤其可怕的是，如此"加工"之后，事先既不征得作者的同意，事后连招呼也不打一个。于是各种古怪的事情产生了。文章发表之后，虽然作者的署名并未删去，但作者读了不敢承认这是他的文章。只好把稿费如数奉退，并且要求更正。这样的编辑部往往连更正的事也懒得做。或者口头"道歉"了事，或者把作者的来信登在并不公开发行的"内部刊物"上，敷衍一下作者的面子。

奉行以上所说的那种"加工"办法的人，确实要要求他们"笔下留情"！名之曰"粗暴"似嫌太轻，名之"刽子手作风"似乎也并不重。这样的人才是"百花齐放"的障碍。这种作风，必须坚决反对！

自然，编辑对稿件是有取舍之权的，对作品有什么意见，也应该向作者提出，要求作者修改。征得作者的同意，编辑也可以在原稿上润色一下文字，甚至偶作删节。但任意删改别人文章的权力是没有的！更不必代替作者去创作！

以上所说的编辑工作中的粗暴做法，自然不是普遍的现象。决不是所有的编辑部都如此，同一个编辑部里，也不是每个编辑都如此，就是同一个编辑，也决不是对所有的作家，对所有的作品都如此。但即使这是罕有的现象，也应该引起我们严重的注意。

产生这种现象的原因是，我们有些同行不了解创作劳动的特点，不承认作品是作家写的，不承认作品质量的高低取决于作家的劳动，而过分看重了自己，对旁人的劳动缺乏起码的尊重，从而缺乏同志对同志应有的尊重。

有些作家，也不承认作品是应该依靠他自己的劳动去完成的。交来作品以后，他预先声明，他的作品希望编辑部大力仔细修改，怎么改，怎么算，修改以后，连作品的清样他也不想看。这样的作家，这样做，倒并不完全由于谦虚的缘故。你一旦退了他的稿子，"谦虚"之风顿失，马上给你安上"不懂文学"、"粗暴"、"关门主义"……种种罪名，逢人宣传，到处告状，决不罢休的。

也有作家，作品受了批评，他就说这是编辑部改坏了的，或者说编辑部硬让他改，因此改坏了的。

代替作者劳动，不仅是不应该，而且是办不到的，硬办的结果，势必适得其反。姑且不谈内容上的大量增删和局部的重写，就说个别字眼的更动，也不是那么轻而易改的。作品中的一词一字，都有着生活的内容。为了说明这个问题，随便举几个例子。一位作家在一部描写军队生活的作品中，有好几处说，战士们行军的时候"大背着枪"。一位编辑毫不迟疑地一一改成"背着大枪"。因为他没有军队的生活，不懂得"大背着枪"就是挎肩横背着步枪的意思，在非战斗的行军中，往往是这样背枪的。至于"大背着枪"一词，以致编辑也看不懂，似乎也需要换种说法，然而像这位编辑的这种改法，却是歪曲了作者的原意的。一位作家在一部描写抗日战争时代敌后游击战争的作品中，有几处提到"封锁沟"，另有几处提到"交通沟"。一位编辑也就毫不迟疑的统一为"封锁沟"。这自然也改错了，原因是这位编辑不懂得抗日战争时代敌后游击战争的生活。

作家是根据自己的生活，根据自己对生活的理解和体验，用生活所提示给他的表现方法来从事创作劳动的。这一切，编辑是无论如何不能代替的。因此硬改人家的作品，不仅是不可以，而且是不可能的。

（节选自《文艺报》1956 年第 22 号）

黄秋耘

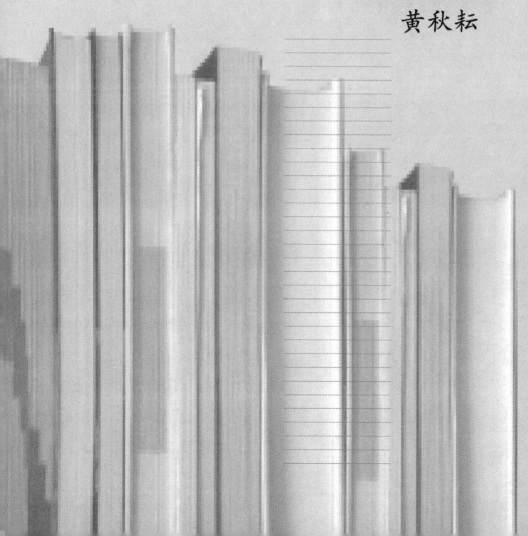

黄秋耘(1918～2001)，广东顺德人。1936年在清华大学读书时参加中国共产党，并从事学生爱国运动。1938年起任香港八路军办事处工作人员，并编辑《青年知识》杂志。1943年起历任七战区编委会干事、秘书，军调处第八小组联络员、香港香岛中学教员、《大公报》编辑。

　　1949年起历任粤赣湘边纵队参谋、广州军管会文艺处创作组长、《南方日报》社编委、中央军委中南联络处工作人员。1952年起历任中央联络部研究员、新华通讯总社组长、新华社福建分社社长。1954年任《文艺学习》编委、编辑部副主任。后任《文艺报》编委。1966年起任《羊城晚报》社编委。1971年起任广东人民出版社副社长、广东出版局副局长。他出版过多种文学作品和评论集。

文史编辑的基本修养

黄秋耘

　　文史编辑的修养不外两条：一是多读书，二是勤练笔。文史编辑，具有一般编辑的共性，但也有他们的特性。下面分开五点来讲。

　　一、作为文史编辑，应多读一些中外文学历史专著。根据我的体会，先选读下列这些书也许比较合适：《诗经》（"国风"部分）、《左传》、《史记》（"列传"部分）、《汉书》、《后汉书》、《三国志》、《资治通鉴》、《古文观止》、《古诗源》、《唐诗三百首》、《唐宋传奇集》（鲁迅校录本）、《西厢记》（王实甫著，王季思校正本）、《牡丹亭》、《三国演义》、《水浒》、《西游记》、《儒林外史》、《红楼梦》、《古今小说》、《警世通言》、《醒世恒言》、《聊斋志异》等。

　　在读完这些书后，如果还想作进一步钻研，还可以选读：《论语》、《孟子》、《庄子》、《楚辞》、《文选》、《陶靖节集》、《李太白集》、《杜少陵集》、《白居易诗选》、《苏东坡诗文选》、《元曲选》、《桃花扇》及其他著名作家和诗人的专集或选集。为了解作者的生平和时代背景，最好同时读一些中国文学史著作。

　　要把这些书都读完，确实不太容易。个人可以按照自己的兴趣和需要、按照自己的水平选择来读。读书的时候，不妨先粗略地浏览一遍，知其大概，然后选择若干篇章，逐字逐句地细读，直到完全读懂为止。对于散文和诗歌中的某些名篇佳作，最好能够背诵一些，因为背诵有一个好处，就是用时晓得查哪一本书，假如不背，要查也不是那么容易的。对于一个文史编辑来说，背诵二三十篇古文、一百多首唐诗宋词，不算要求太高。

159

不过凭记忆有时候是很靠不住的，我就常常会记错史实，用错典故。例如最近在《随笔》第一期上，我就闹了一个大笑话。我说圆明园是1900年八国联军烧毁的，其实不然，实际上火烧圆明园是1860年第二次鸦片战争时英法联军干的。结果，要发表更正。有很多普通的常识现在报刊上也常常搞错。例如盘踞山东的军阀叫韩复榘(同矩)，现在不少报刊都写成韩复渠。按算命先生的说法，也许韩复榘一生下来就五行欠木，他的老太爷就在"矩"字下面加个"木"字，所以叫韩复榘，后人搞不清楚，把"榘"字写成"渠"，变成五行欠水又欠木，完全搞错了，直到现在还是以讹传讹。这是个常识性错误。最近有一位年青编辑，在编《"一二·九"运动史要》时，看到刘王立明(进步妇女界的领袖)这个名字，说肯定是搞错了，要不就是姓刘，要不就是姓王，没有姓刘王的。他不知道解放前妇女出嫁以后就要跟丈夫姓，她原叫王立明，嫁给姓刘的丈夫，所以叫刘王立明。譬如宋美龄，过去也有人称她蒋宋美龄，因为她嫁给蒋介石嘛。现在外国还有这种习惯，妇女结婚后就改姓夫姓，华侨社会中还是用两个姓的居多，美国唐人街妇女都姓双姓，在她自己的姓上面加丈夫的姓。

160　　　做编辑之难，就难在各样事情都要知道一些。过去有一句话说："一物不知，儒者之耻"，其实这不可能。一个人不可能万事万物都通，但是作为编辑，假如连普通常识性的东西都不懂，那确实应该引为羞耻。过去有一句话讲："书到用时方恨少，事非经过不知难"，我看当过编辑的人都有同感，当编辑太不容易了。16世纪法国语言学家斯卡格卡曾做过一首诗：

> 谁若被判苦役工，
> 忧心忡忡愁满容，
> 不需令其抡铁锤，
> 不需令其当矿工，
> 只要令其编词典，
> 管他终日诉苦衷。

我从1976年起，编了五年《辞源》，从1983年起又编了三年历史专著，直到前不久才"刑满释放"回家，苦确实苦，但也乐在其中，我在这八年当中学到不少东西。编《辞源》，增加了不少文史知识，懂得了很多典故；编历史专著，知道了不少中国近五十年来的重要史实和第一手材料。我付出了八年的时间作为学费，还是值得的。

······ ······

四、要学点语法修辞知识。

过去《大公报》考见习编辑和校对，总是拿一篇没有标点符号、错别字连篇的文章给考生，让考生改正错别字，加上标点符号。我认为，这是考核编辑的最好办法。如果连错别字都改不出来，还当什么编辑。对于作者的稿子，编辑应当像语文教师改作业一样，改正了才能发表。

有些书因编辑改稿时下的功夫太少而闹笑话。如北京某报上有一个笑话："旧恭王府门前那对石狮子含情脉脉地相对"，石头狮子怎能含情脉脉地相对呢？又如香港某报在一篇关于著名女演员翁美玲的文章里写道："翁美玲死后，遗体栩栩如生。"遗体怎能栩栩如生？栩栩如生这个语汇只能用在摹拟物上，例如雕刻、画像等等。

但是，也要当心别自作聪明，随便改别人的文章。例如一位编辑把"如坐春风"改为"如迎春风"，其实"如坐春风"是一句古语，表示心情舒畅。改成"如迎春风"就闹笑话了。

（原载《开拓者》1986年第8期，此为节选文中的一、四点）　　　161

张 羽

张　羽(1921～2004)，原名张甲，字贯一，曾用名张振寰。河南灵宝人。1938年加入中国共产党。同年5月赴中共长江局训练班受训，亲耳聆听了周恩来、叶剑英的教诲。受训后回灵宝和卢氏县参加建党工作，历任灵宝县尹庄村第一任党支部书记、卢氏县第一任县委委员。1940年肄业于洛阳师范。1946年5月，被灵宝县国民党部以"煽动农民暴动"罪追捕，经组织同意辗转上海等地，从事学生运动和教育工作。

新中国成立后，曾任华东青年报文艺组长、华东青年出版社文艺组长。1953年调中国青年出版社任编辑。

张羽从1937年开始发表作品，著有长篇文学传记《恽代英》、中篇文学传记《王孝和》。他长期担任中国青年出版社编辑工作。在此期间，"他自己采写的、编辑的、参与主持出版的许多图书，大部分都是宣传革命者特别是第一代中国共产党人在革命时期不怕牺牲的事迹和精神"（邵燕祥《张羽文存·序》）。由他编辑和参与编辑、加工、整理的《红岩》、《红旗谱》等在广大读者中产生了广泛影响。他是《红旗飘飘》的创办人之一。其主要著作收入《张羽文存》（上、下册）中。

《红旗谱》审读报告①

张　羽

《编辑之友》编者按： 脍炙人口的长篇小说《红旗谱》出版二十多年来，已在我国文坛产生了巨大影响。但是人们还不晓得它是怎样从默默无闻中被人发现的。作者写了好多年，没有受到重视，即使读过某些篇章的人，也从没有在口头上或书面上给以肯定。张羽同志作为一个编辑，热情组稿，并在审读意见中第一个肯定了这部作品，而且建议出版社和作者订约，使此书及时和读者见面。现把张羽同志近三十年前写的审读报告在这里发表，以供参考。

作者梁斌，原在"中央文学讲习所"做党的工作，现在在河北文联工作。因为过去我社在"文学讲习所"约稿时，知道作者在写这样一部作品，最近发信要来，打算看后再考虑是否列入我社选题计划。

现在作者寄来稿件两件，约二十五万字。这只是第一部的上半部。从整个计划看，作者要写的是一部规模较大、篇幅较长的小说。整个计划，是企图反映大革命以来，河北平原的革命斗争，反映农民、游击队、学生怎样在党的领导下，经历了各次斗争逐渐成长起来，以致达到胜利。

整个事件、人物的发展，因为作者还未写出来，还无从知道，现在仅从已有的二十五万字来进行初步研究。

这二十五万字中，从时间上说，写了该地区从大革命到抗战前夕的变化。出现的人物有党在保属特委的领导者费老师、农民朱老忠、严志

---

① 此文于 1985 年发表于《编辑之友》第 1 期。

和、朱老明、宋老虎等，学生江涛、张嘉庆、严萍等，地主冯老兰、冯贵堂等。重要的斗争有反割头税斗争、高(阳)蠡(县)游击战争、保定二师的学生斗争。在这些章节中，初步展现了保定附近、白洋淀边沿的平原上斗争的场面。

从作者已写的章节中，看得出来作者对这一地区的斗争是熟悉的。作者具有相当的写作修养。出现在作品中的人物，如朱老忠、江涛、贾老师等都刻画得较生动有力。农民生活和学生生活及其斗争场面，都能给人以真实感。从整体上说，小说是比较朴素感人的。那些激烈的斗争场面，家庭生活的抒写，人物心理的刻画，都能引人入胜，把人带到作者所描绘的境界中去，和那些农民、学生、战士同命运，共患难，这是作品成功的地方。

但这部作品也有不少弱点：

甲，从结构上说，有些章节，缺乏很好的剪裁，叙事和对话有些冗长。有些地方是前边章节已经讲明的，又重复了一遍。因为时间跳动得快，有的地方又写得很粗糙、松懈。

乙，对党的地下工作的艰苦性写得不够，如"反割头税斗争"，只要党一声号召，就在县城里开起群众大会，连伪县长都无所措手足，这个斗争在群众中的思想基础写得不够。写高蠡游击战争也有这样的缺点。这些斗争中写了党的领导，但很少写群众在具体生活中的苦难以及在党的教育下的觉醒和要求，就把斗争简单化了。因而也削弱了它的教育意义。

丙，在人物形象的塑造上，几个主要人物写得还不够丰满、细致，性格特征还不突出。在高蠡游击战争中，有些过分强调落后农民不要地主粮食的地方，而对农民对土地的积极要求没有写出来。关于几个农民的形象，除朱老忠外，还缺乏深沉的、坚实的形象。地主对农民的剥削也写得不够，因而暴动的气氛也就感到不足了。

尽管作品还存在着以上的弱点，有的甚至是较严重的弱点，但从整个作品面貌来说，是可以改好的，作者也有一定的能力把它改得比现在好些。

基于以上情况，我建议：

甲，把这部书稿列入我社选题计划，向作者约稿。待改好到出版水平时再出。

乙，待作者把第一部写完后，请几个有经验的作者看一下，进行讨论，请作者修改，再考虑出版。

丙，因为稿子涉及冀中斗争历史，有必要请党委，特别是当时的领导同志，审查其历史的真实性。

以上意见妥否，请决定。

1955 年 9 月 27 日

（选自《张羽文存》，中国青年出版社 2007 年版）

编辑加工《红岩》

张 羽

当我们正在安排《红旗飘飘》第二期稿的时候，1957 年 4 月 18 日收到四川省长寿县赵山林的来信。信上说，他听了罗广斌等向青年介绍解放前中美特种技术合作所的血录的报告受到很大教育，希望我们收集全部材料，通过写小说的形式出版发行。

我们制订的选题计划中，本来就有一项是请罗广斌写《江竹筠传》，读者推荐的题材和作者正是我们要找的线索。4 月 24 日我们一方面由王扶向这位热情的读者回信表示感谢。同日另拟一信，请罗广斌写一篇"中美合作所血录"回忆录。1957 年 11 月 15 日，我们收到由罗广斌、刘德彬、杨益言根据他们作的报告整理而成的回忆录《在烈火中得到永生》。我做了文字审订后，交付《红旗飘飘》第六集发表。1958 年 1 月 20 日，我在给作者寄《红旗飘飘》第六集和稿费的同时，给作者写了一封信，请他们写中篇回忆录，出版单行本。11 月 6 日他们把稿寄来。

为了充分反映敌人在那座牢狱犯下的血腥罪行，我尽量选用了作者提供的照片，共 10 幅：渣滓洞集中营，白公馆集中营，蔡梦慰用竹签蘸着棉花灰调成的墨汁写下的《黑牢诗篇》手迹，美制手铐，美蒋特务在山坡上设的岗亭，焚烧后的渣滓洞牢房，冲出牢房牺牲在高墙下的烈士遗体，杨虎城将军的遗体，松林坡被害者遗体，以及被屠杀的成人和孩子。结合书稿中激越昂扬的文字，参看那些血染的图片，使人犹如亲临怵目惊心的魔鬼世界。我怀着悲愤的心情，在编完稿子后撰写了《编辑报告书》。报告书指出："这部作品很真实动人，有浓厚的革命激情，充沛的乐观主义精神，爱憎分明的阶级感情。作品若能再细致些，当能发挥更大的鼓舞力量。但就现在的面貌来看，也有它本身的特点：雄劲，粗犷，朴实，饱满。读着它，像阵阵的战鼓震撼着人的心弦，使人油然地为作者激情所感染，更热爱那些革命志士，更鄙视那些阶级敌人——美蒋反动派。估计这本书的出版，一定会在读者中产生深远的影响。"

我提出处理意见："建议作重点书出版。装帧、设计尽可能好些。印数可力求多些。"

我的建议得到了社长和编辑室主任的支持，他们并指示要"好好宣传一番"。最后定稿时改名为《在烈火中永生》，1959 年 2 月正式出版，立即引起了读者的强烈反响。顿时，在青年中掀起了一股学习这本书的热潮。有些读者提出要求，热情希望能早日出版描写重庆集中营斗争事迹的长篇小说。在三年困难时期，《在烈火中永生》鼓舞了青年的斗争精神，同时也为后来的长篇小说《红岩》的写作和出版起了催生作用。

1958 年 7 月，江晓天从作协"献礼"（各地向国庆十周年献礼的计划）小组的一份简报中，发现四川报来的材料有罗广斌、杨益言、刘德彬合作写的一部长篇《禁锢的世界》（以下简称《禁》），回到机关，马上叫吴小武给三位作者写了封信，问明是长篇小说还是长篇革命斗争回忆录（回忆录不归二编室管，而归五编室管）。吴执笔起草了约稿信（1958 年 7 月 22 日发出）。当得悉不是《在烈火中得到永生》的材料充实、篇幅扩大，而是创作小说，江就把它列入"献礼规划"中。不久，朱语今带着王维玲去四川考察，江即请他为作者请创作假，好集中精力早日把长篇初稿写出来。他们从重庆回来后，王维玲就从总编室调到文学编辑室当编务，负责同《禁》稿作者的联系。

3 月我去西南、西北地区组稿时，又到重庆，向《在烈火中永生》的作者通报作品在读者中的影响，以及读者的要求，同作者进一步交流思想，交换意见；同时，受二编室委托，顺便向他们了解一下关于小说《禁》的写作进度。在小说《禁》即将进入编辑加工的过程，1960 年 9 月上旬，我被从五编室调回二编室。二编室交给我的第一件主要任务就是负责审读、修改、加工、定稿《禁》。

我是从《禁》第三稿正式开始接手的。在此以前，即第一稿和第二稿，出版社都没有实际进入过责任编辑工作。由于我已两次担任过同一题材的回忆录的责任编辑，对它的基本内容已比较熟悉，在重庆看过部分原

169

稿，对此稿的前途略见端倪。

对于这样一部题材重大、生活面很广的作品，写作和编辑都不是一件容易的事。我认为，每个人的经历和能力都有其局限性，所以我认为，还必须学习，向别人、向前人学习写作方法。我在修改这部作品之前做了大量的准备工作。

首先是研究资料和稿子。我阅读了解放初期重庆烈士追悼会印发的《如此中美特种技术合作所——蒋美反动派重庆大屠杀之血录》等有关资料，重新研究了三位作者在十年间先后完成的反映重庆集中营斗争的五个稿本，即《圣洁的血花》、《在烈火中得到永生》、《在烈火中永生》，以及《禁》第一稿(蓝色打印稿)和第二稿(铅印稿)，对修改好作品虽然有信心，但觉得不能一般性的就事论事、添添补补、这里修饰一下、那里调整一下。要想把这部作品搞成一个精品，还必须花大工夫，要高屋建瓴，从理论上，从主题的开掘上，从结构的改造上、人物形象的创造上等方面作准备，所以我得看点书，学习点东西。除了我自己原来参加编辑过的《红旗谱》、《王若飞在狱中》、《在烈火中永生》等等再研究外，我还重读了苏联描写英雄人物的故事，如《钢铁是怎样炼成的》、《青年近卫军》、《海鸥》、《小儿街》、《古堡》，以及《绞刑架下的报告》等。这些书我原来就看过，有的甚至看过几遍，这时候拿来再研究和考虑，特别从它们的写作方法方面去研究，研究它们如何描写英雄，单个的和群体的……我还从我国的古典文学作品《水浒》、《三国演义》中研究作者如何大开大合地展开情节，研究结构，如何展现重大历史背景……

我正在专心审读稿子的时候，突然接到老家电报：父亲病危。我于(1961年)1月7日匆匆回乡，15日赶回看罗广斌他们的修改稿。20日父亲病逝，我决定不回去，回电报请堂弟料理丧事，继续投入《红岩》的审读工作。1961年1月15日，作者把重新构思、认真修改过的《禁》第三次稿的第一部分(1—8章)共10万字，从重庆航寄北京。随后，第二部分、第三部分的稿子也陆续寄来。我在审读后均先后写了发表意见的信。下面摘录我写的三封信的主要内容：

我的第一封信(1961年1月27日)：

《禁锢的世界》一至八章我们读过了。总的来说，修改稿较原稿有显著的提高，在思想内容上和艺术表现上，都更加充实、丰满和完整。如党的领导和正面人物加强了，地下斗争和武装斗争的紧密联系、对敌人内部矛盾的揭露、几个重要人物（成岗、江姐的形象和特务头子徐鹏飞的丑恶面貌）的创造，都很有特色，给人留下深刻的印象。这些成就，都为小说的成功打下了坚实的基础。我们希望在以后的篇章中，获得新的、可喜的收获。

这封信里，我们想着重谈一下我们感到不足的地方，供参考。……

一、第一、二章里，概括当时的历史背景的描写，我们觉得还有些松散，不够集中，也就是事件纷繁，思想脉络不够清晰和鲜明。稿中的生活现象、生活场景、人物活动都是朴素动人的，如果再加提炼，写得更紧凑、深刻，在明确的主题思想指引下，组织得更严密、更扎实，也就会更有力了。如第一章里出现的纷繁的人物和事件、场景，有些是服从主题思想的需要，昙花一现，不再出场的，这在生活中也是真实的；但有些描写较多的人物，是否目的性要求强些，力求在以后的篇章里能够出现，有变化，有衔接，比较好些。另外，人物和环境的关系，也需要紧密些。如陈松林进重庆大学，所见所闻，从壁报到打架，都应该和要描写的正面人物的介绍和发展加强血肉的联系。现在的描写，只是反映了学生运动里的斗争场景、现象，没有更有机地把它和人物的活动串起来，这样，场景描写的力量就减弱了，人物也不够丰满了。

二、第四章里，关于江姐的描写很生动感人。其中有几处，是否再予以加强：1. 江姐见彭松涛的首级后，心理的描写，若能从行动上加以突出地表现，会更加强烈，更加激动人心。也就是说，她的沉重的心情，如何在斗争中化为力量，先来一个起伏，加强气氛，使她在接受政委任务后，再提高一步，就更加有力。也就是尽量避免心理分析这样的写法。2. 双枪老太婆的出现，最好在行动中，包括华为的描写，不仅只介绍他们光荣的历史，更重要的是刻画现实斗争中的光辉形象。

三、对党的领导者许云峰的塑造，侧面叙述较多，对正面人物精神面貌的刻画需加强；人物的发言议论多，更重要的关于人物在行动中的抒写还宜着力描绘：人物的言论，应具有属于他那样的工人出身的坚强的领导者的特色——即个性化的语言特色。总之，应给这个重要人物以集中描写的篇章，并写得有声有色，感人肺腑。

四、关于叛徒甫志高的嘴脸的勾画：1. 他的极端个人主义的思想根源，伏笔似乎还应点得重一些，给读者以预感；2.他的欺骗手法、两面作风、蒙蔽伎俩及其内心活动，应求更深刻些；3.应写到党是了解他的，并进行过教育，而未收到实效。稿中写许云峰说：因为初到一起工作，对他过去不了解。这样来写党的工作，对细心的读者来说，是不能满足的。当然，不是要求增多描写叛徒的篇幅，而是加强其精神面貌的刻画。

五、关于陈松林、余新江、华为，要加强。

我的第二封信(1961年2月3日)：

初步感想先行奉告。

一、第二部分修改稿较原稿变动大，有更加突出的提高。读了这一部分，使我们对这次修改工作的成功，更加满怀信心。我们热烈地预祝后两部分获得新的成就。

二、在这部分里，许云峰的创造，有了进一步的发展。联欢会上，那段长篇对话，十分必要，把人物推向新的高峰，这是可喜的。但是否需要再补足两处：1.在此以前的章节里，加强与这段对话有联系的描写，增强它的血肉关系，使此段对话有更丰硕的基础。2.注意长篇对话里语言上的个性特色。

172

三、龙光华的形象创造，有声有色，鲜明而高大，文字虽不多，但感人至深。站着死的英雄，将给读者留下不可磨灭的印象。

四、华蓥山的斗争，江姐被捕，双枪老太婆复仇，都是动人心弦的出色描写。

五、刘思扬的创造，还是个薄弱环节。他写的诗和眼前尖锐的斗争，内在联系不够密切，使人对他还有点"局外人"的感觉。如何把"诗人"的心和"战士"的心熔成一个整体(诗人，首先应该是战士)，还是应该再加思索的。

六、水的问题，是一场斗智斗勇的斗争，是粉碎敌人阴谋的尖锐斗争。前边写了敌人预谋，后边写了胜利总结，但在正面斗争时，如何更深沉地揭示这场斗争的重大意义，还写得很不够。

我的第三封信(1961年2月8日)：

读完书稿第三部分，给人一种抑制不住的喜悦。在第三部分里，关于敌我斗争的进一步展开和深化，狱内外斗争的联系和呼应，渣滓洞和白公馆斗争的纵横交织，息息相关。敌人千方百计地要找寻我们的地下党组织和狱中的党组织，我们对敌人的阴谋给了无情的粉碎和还击，这些错综复杂的斗争，写得有力量，有气势，瑰丽多彩，扣人心弦，几个主要人物的精神面貌，都给人留下深刻的印象。这一部分的不足处，是否有这样几处：26 章，李敬原、成瑶、老太婆会面，情节上的"巧"，有必要加强当时环境气氛的描写——地点的适当和安全的保证。成瑶、华子良、游击队，三者的协调。刘思扬的创造有很大发展，只是他在和二哥的对话中，对大哥的那段议论是否必要，是否妥帖；成岗和美蒋特务的斗争是动人的，可否适当减弱诚实注射剂的生理反应的描写，更加强其以顽强的意志战胜诚实剂（即美蒋特务）的描写，具体地说，就是尽量避免描写中的神秘成分；其他几处关于人物描写的地方，如成瑶在记者招待会上的表现，几个青年学生的精神面貌，华子良的刻画，均请再作些考虑。

我们认为：读完这三部分，已可以肯定，修改稿已经获得很大的成功，这是无可置疑的。如能再作些必要的修改和充实，将进一步提高它的思想内容和艺术质量。

以上三封信都是我阅稿后的个人想法。它们实际上代替了审读报告。由于稿件是分批寄来的，所以《红岩》从未有过完整的审读报告。

第四部分稿因是由作者自己带来北京，所以这一部分我也没有再写书面意见。1961 年 3 月 7 日晚，罗广斌和杨益言联袂来京修改作品。3 月 8 日至 9 日，在中国青年出版社二编室讨论小说第三次稿的得失和修改方案，以及作者谈对小说的修改设想和安排。

我在这次座谈会上的发言从结构和布局、开头和收场、暴露和歌颂、人物形象的塑造、江姐和许云峰等六个方面谈了对稿件的意见(略)。

我从 4 月 3 日开始动笔加工《红岩》，5 月 8 日在《红岩》的《书稿编辑、出版工作责任签字单》的初审"审稿者"和加工、整理"审稿者"的栏目中都签了名。阙道隆作为编辑室主任也在责任单上签了名。总编辑边春光则是在 12 月定稿时才在此单上签名的。此外，这张责任签字单上没有其他人的名字。于是，稿子发排。6 月 19 日，清样送齐。至此，《红岩》的第一稿(即《禁锢的世界》第四稿)正式诞生。

当时对全稿的修改工作，重要的有以下几项：

开头两章，几乎是另起炉灶，重新构思，重新写作的。

　　关于双枪老太婆的描写，我大量删去了她的一次入城活动。因为稿中有过多的传奇色彩、惊险场面，这可能把小说带入歧途，变成一部惊险小说，把读者的注意力引到曲折离奇的情节里去，冲淡了监狱斗争的艰苦性，以及主要描写对象的性格特征，从而改变《红岩》早已确定的严肃主题，削弱作品的思想力量和意义，因而不宜过多使用此种手法。

　　关于徐鹏飞的描写，我删掉了鸿门宴式的宴会上徐鹏飞的一段长篇讲话。此外，我还删掉了特务活动的长篇计划，免得过分繁琐；删掉了狱中内线人员的过多活动，免得冲淡了牢中的艰苦气氛，变相地削弱了革命者的斗争作用，使其更真实、亲切；建议删掉"老病号"的这个雅号，后来改称"老大哥"。

　　除作者重写的篇幅以外，在这次稿上，由作者或编辑在原稿上删去的字数约三四万字。同时还作了相应的补充(约1万多字)，以充实、加强主要人物形象。如对狱中斗争的主要领导人许云峰的塑造，在这次修改中就有了明显的发展。突破了过去对许云峰的简单介绍，而塑造了一个比较丰满、完整的工人领袖的光辉形象。许云峰这个人物形象的完成，成为《红岩》取得成功的基石。这是小说《红岩》在创作过程中，以真人真事为基础，又不断突破真人真事局限性，在生活中汲取、概括、集中、提炼、塑造的结果。许云峰是这部小说里艺术创造最多的人物。

　　关于江姐形象的塑造，江竹筠的生活原型提供的素材是最丰富的。江姐形象的塑造正是得力于刘德彬的亲身经历、真挚感情和他写作初稿《禁锢的世界》第一稿时奠定的文字基础，就连《红岩》中有关江姐的具体叙述文字，也有数千字整段整节地取自当年刘德彬执笔写成的《江竹筠》。我在江姐上山时的感情变化的描写中，作了增补和发展。补写的重点是她在看到爱人彭松涛的头颅和布告时的悲痛感情，以及见到双枪老太婆后的感情交流。目的是突出她知道老彭牺牲后的感情激荡，双枪老太婆见到江姐后对战友的负疚和关怀。过去写小说有个清规戒律：英雄是不能哭的。我却让双枪老太婆坦直地说出："在亲人面前，你放声痛哭一场吧！"她把千言万语凝聚成有力的一句话："剩下孤儿寡母，一样闹革命。"我在她身上表达的感情是我十年前访问中央苏区时，闽赣边的革命老妈妈给我留下的不灭印象，在这里我深信也符合双枪老太婆的感情。作者接受了我的意图。这种从血的代价中萌发的阶级情谊，通过她们的感情交流，也把读者带到崇高的精神境界。

《红岩》中的成岗是以原型陈然为主又汲取了成善谋的某些成分塑造而成的。我在成岗看到妹妹成瑶已长大成人并开始接触革命时，补了一段他当时的感情，加强了兄妹情谊的渲染。

在成岗受审时，我对文字作了增删，主要是加强许云峰和成岗在生死关头紧紧拥抱，迸发出的以身殉理想的志士情操和战友情谊。

在成岗描写上，我作了另一个重要修改，就是动笔改了当时已经风行全国并编入课本的名诗《我的"自白书"》。当我从罗广斌口中得知烈士陈然的这首诗并没有留下手稿，我就把原诗中最末一句"高唱葬歌埋葬蒋家王朝！"改为"高唱凯歌埋葬蒋家王朝！"我解释说：两个"葬"字，有点重复；再说，革命者不必为敌人唱葬歌，应该是以胜利者的姿态，高唱凯歌埋葬敌人的。罗广斌表示同意，就这样改过来了。后来的《革命烈士诗抄》和小学课本也都照改了。

关于刘思扬这个人物，为了使他的形象更集中、鲜明，我忍痛删掉了刘思扬的大量诗歌，避免把那些游离主题的诗贴在他的身上，使他像个在狱中体验生活的诗人；有些意境可取的诗，我就把它们的分行联接起来，加以保留。

罗、杨这次来京，同编辑室一共有四次讨论，此外，都是我和作者直接联系。作者修改完稿子给我，我修改完又退给他们。作品要赶在当年出版，为庆祝党成立 40 周年献礼，又因为作者是请了创作假的，所以更要抓紧时间。几十万字的稿子，修改、重抄就够紧张的了（那时又都是手工操作），不可能多次把修改工作停下来，等其他人看完稿子后再聚在一起讨论。

6 月 27 日，罗广斌和杨益言带着小说清样回川，听取四川同志的意见。四川之行，收获丰硕。小说《红岩》的清样，受到党政领导的重视、文艺界的关怀、老作家的帮助。这为小说的成功提供了重要的保证。

本年的第二次修改工作开始于 9 月中旬，罗广斌和杨益言带着渝、蓉两地众多同志对书稿的意见再次来京。

两位作者被安排在我宿舍隔壁的一间大空屋里，同我比邻而居。到修改小说进入紧张阶段时，约 11 月初，我干脆就搬到了他们住的那间大房间里去。也是编辑室派去的，副秘书长王业康为我们三人安排了房间。

175

我们三人三床三桌，依次摆开，进行流水作业。晚上是最紧张的时刻。三人悄然无声，埋头"爬格子"。一般情况是杨益言先改出第一遍稿，交给罗广斌修改，罗把两人的改定稿，再交我加工处理，我对稿件作过推敲、订正、删削或润饰后，再给他俩传阅。三人都认可后，即作为定稿，等待发稿、付排。这次修改时间短，编辑室没有召开过讨论会。

第五次修改的重点，首先还是开头的一、二章。2万多字的原稿，经过一二周时间，作者几乎又全部写过（开头两章前后共改过8次）。转到我手上时，我对其中那些堆砌式的材料又作了删节，对有新鲜感的补充篇幅，又作了润饰和加强。这最后一稿，我又删掉了1200多字，补充了几大段文字。删掉的主要是介绍炮厂工人日常生活的游离主题的描写、甫志高和余新江交往中一些不必要的叙述、炮厂纵火案的大段具体描写，为的是使主题更加集中、鲜明。我的删削或补充，又启发了作者把联接不紧密之处再作修补，使文章编织得更紧密些。我在删掉重庆大学学生斗争那段抽象的说明性文字后，对罗广斌说起解放前我在上海交通大学、复旦大学看到的墙报斗争，比起他们现在描写的要复杂得多。这唤起了罗广斌头脑中更具体、更生动的回忆，他油然命笔，增加了《彗星报》事件那段出色的描写。

修改后的第五稿第一章和原来第四稿第一章相比，面目大为改观了。为了紧紧抓住主要矛盾，这一章我删掉了马师母癫狂的描写、关于甫志高生活情趣以及他的低级庸俗的生活方式的描写。

五稿第二章和四稿第二章也有了根本性的改变。这一章里描写的沙坪书店部分，使我想起解放前住在上海北四川路地下党同志开的兄弟图书公司的日日夜夜，我把感情通过笔墨溶进小说里去。

10月末的一个深夜，我们吃完夜宵回来。一路上谈着时局，对数日来《参考消息》上登的赫鲁晓夫火焚斯大林遗体的新闻颇为愤慨。当时，连印度党也表示了谴责，而中国的革命者该怎样看待这个事件呢？我对罗、杨二人说："对赫鲁晓夫的做法，应该通过我们书中的人物，仗义执言，表达我们的见解。"这个建议触动了敏感的罗广斌，引起他深深的思索。一周后，他交出一批新稿，增加了许云峰和毛人凤的一段对话，通过书中人物的语言，体现了当时中国共产党和人民的声音。这在原先几稿是没有的。

中国青年出版社老编辑、我的老同事王立道在 1995 年 9 月青海人民出版社出版的《烛照篇》中有这样一段话："这段充满激愤的描写，纯属偶然得之，而提供激情的，是张羽。由此可见，有些好书，有些动人的情节，功在作者，而主意有时却来自编辑。在某种意义上说，一部好书，尤其是文学作品，是由作家、编辑和读者共同完成的。"当然，书中表达的观点是当时历史条件下的看法，今天怎么看是另外一回事。

关于书中另一个人物胡浩的那封入党申请书，很能表达当时进步青年的心曲。我为这封情意诚挚的信增加了追求光明的求知色彩之外，在最末一段特别倾诉了期待天亮(即解放)的献身感情。

杨益言因事先回重庆。最后两章的定稿工作，就只有我和罗广斌两人了。第 29 章，是描写越狱斗争的一章。罗广斌先用钢笔在四稿上作删节，再另用稿子作了补充和修改。而后，我用蓝色圆珠笔再进行加工整理。在这场敌我最后时刻的较量中，加强了对老大哥丁长发的描写。关于看守交出钥匙的情节，是罗广斌最熟悉的他自己在狱中生活的一段亲身经历，写来十分顺手。他描述越狱的情况，我又作了大量的补写和润色。他写了"浓烟和火舌不断卷着"，我给他补上"冲进鼻孔，烫着皮肤"。他写了"一排子弹，穿透了丁长发的身体"，我又补上"丁长发踉跄一下，咬着牙，一手捂着胸膛，一手举起铁镣，朝特务的脑门，狠狠地(他又改成"奋力猛")砸下去，咔嚓一响，特务闷叫一声，脑花飞溅，像一只布袋，软绵绵地(他又写上"倒在丁长发的脚下")"。他写了"余新江正想夺取特务丢下的冲锋枪"，我给他补上："在他前面，一只敏捷、熟练的手，又把枪捡了起来，还没有看见他的面孔，只见他把枪抱在怀里，略一瞄准，就扫射起来。……子弹跟着敌人的屁股和后脑勺，发出清脆的音响。"

这种交叉修改，直至卷末。

12 月 9 日，罗广斌写完了最后一个字，数了数修改过的地方，这次除一般性修改的章节外，重新构思、重新写的部分约有 10 万字。

1961 年年终前，《红岩》出版面世，作为对党成立 40 周年的献礼。

1962 年，《红岩》作者罗广斌、杨益言和《王若飞在狱中》的作者杨植霖，以及这两部书的责任编辑张羽，由中国青年出版社推荐，同时被吸收为中国作家协会会员。

（选自《新文学史料》1987 年第 4 期《我与〈红岩〉》，有删节）

177

给《风满潇湘》作者的信

张　羽

柯蓝、文秋同志：

你们好！

长篇小说《秋收起义》（注：《风满潇湘》的原名）第一部我们读过了。前后读过小说的有 4 个人，大家都很满意，一致认为这是部难得读到的好作品。几个人在一起漫谈了一次，发言很热烈。大家感到作品很突出的特点是充满了浓郁的生活气息，相当生动地反映了大革命失败后湖南地区的农民运动，塑造了性格鲜明的革命农民的形象（如赵志高）。第一部结束时，已大体形成了山雨欲来风满楼的气势，为秋收起义打好了基础，做了准备。这样的作品将会成为教育青年一代的有力武器，因而我们对它寄予了很高的期望。正因为希望之殷，要求也更深切，希望百尺竿头再进一步，当更能发挥巨大的教育作用。我们就是基于这种"苛求"的精神，提出以下意见的。

（一）就第一部全稿来说，前半部较好，只有个别情节和细节值得斟酌。后半部略弱些，弱点主要是两方面：一是结构布局；二是主人公性格的发展。

结构布局上的问题，弱点在于单线条的发展。这在前半部里解决得较好：（1）从事件中推出人物，人物的经历、活动，又展现了生活画面的展开和事件的发展。（2）作品开头，即使有个别人物频繁的活动，因地区不同、场景不同、环境不同，人们感觉新鲜，并不感到多余。（3）赵志高、赵志仁、薛秀梅三条线索交替出现，组织得好，有光彩。后面为什么弱了呢？就是它丢掉了前边结构上的特点。人们关心的赵志仁、薛秀

178

梅看不到了。赵志高在孤军奋斗。他回到家乡了，人们期待他有所作为。他也做了很多事。但作品大部分局限于赵志高的个人活动，描写他的经历，他耳闻目睹、身历的事。这里面有些章节也写得很好，如路遇伍天山夫妇、山中会满灌、回家遇险以及吃"看禾酒"的描写，都很有色彩。但是，因为有很多作用近似的情节(表面上是不同的，用以显示性格发展和表现生活内容的作用是近似的，或者采用的角度相似)的连续运用，没有从多方面表现人物，从人与人的关系表现人物，只用主人公的活动反映生活和人物，就显得单调，显得主人公有些形只影单，疲于奔命。这样自然削弱了他的形象的鲜明性，也削弱了作品的感人力量。怎么办呢？是否还是要保持并发挥前半部结构上的特点：(1)赵志高的主线以外，志仁和秀梅的线适当插进去，互为呼应，互为支持，让主人公唱过一两场戏以后，喘口气再上阵，会更精神些。把读者引进惊心动魄、应接不暇的境界中去关心人物命运，关心整体事业的发展。(2)赵志高这条线也得放开表现，不要唱独脚戏，让次要人物(如石葫芦等)也有自我表现的机会，不然，表现上多给主角戏，让主角有表现机会，而不给配角戏，配角全来跑龙套，这样既削弱了配角，同时也削弱了主角的光彩。因为人物性格总是在人与人的相互关系里表现出来的。(3)坚决削掉一些作用近似的情节描写，避免给人一种重复或累赘的感觉。这样，能解决结构单一的弱点，作品可能会更丰富、更充实、也更有力！

赵志高性格的发展，后半部彩色不足，除上述结构上的弱点有影响以外，具体描写上也有不少值得考虑的地方。作品虽然在前半部有力地表现了这个革命农民刚正不阿、坚强果敢、赤诚朴实的性格，但在后半部里逐渐出现了一些弱点：(1)思想的深度和宽度还嫌不足。如作品中反复提到过赵志高的"挺子"脾气。这在某场戏里给以着力的表现即可，其他地方，形象地表现这种性格的发展和影响是可以的，但不要零敲碎打地反复提它，更不必用解说的方式去说明它。有必要挖掘这种脾气表现在革命坚定性上的优美品质，因为"挺子"脾气也可以是某些人在坚持错误意见的固执和死硬，不一定所有"挺子"都是美的，同时，不能把性格美写得太窄，在任何场合都表现这个"挺子"，也可能会变成简单化。如《三国演义》中表现张飞的鲁莽、直率，突然放在一个地方描写了他的粗中有细，倒使人物更加可爱了。我们想：要把赵志高的刚和烈写得更深

179

些，同时，再丰富些。(2)注意性格的发展及其内在逻辑。赵志高在前半部里所以生动，因为人物在斗争中不断发展，不断成长。后半部有些定型化了，作用近似的情节在表现性格上失去了力量。写一定时期不明显的发展也可以，但必须展示性格多方面的光彩。这是一。同时，必须注意合理的内在逻辑。赵志高的"挺"，重要的是在革命成效的关键时刻表现他的坚定性，而起义失败了，恰恰在这千钧一发的危急关头，赵志高的"挺"劲却有点不见了，这使前边的精心布置失去了力量。是否需要斟酌一下。(3)在人物和环境、人和人的关系里写人。开头部分，有好多处提到赵志高的威信、群众关系等。赵离开故乡，在外地困难重重是合理的。回乡以后，地利、人和的条件更好了，应该大有作为了，但作品后半部的某些地方把他表现得束手无策、一筹莫展，显然还可推敲一下。当然，他还乡以后，白色恐怖越发严重，阶级敌人对他的一举一动极为注意，某些群众在白色恐怖下，一时不敢和他接近，这是不利的客观因素。但究竟是他的家乡啊，何况他的威信很高，群众关系、社会关系很好，这些都应该发挥作用啊！不然，前面所讲的东西，也会失去意义的。如何生动地表现这种有利、不利、不利变有利的错综复杂关系，从而展现尖锐的阶级斗争、塑造人物形象，都可进一步考虑。以上是从结构布局和人物创造(只谈了主要人物)上想到的问题。

(二)关于时代特征、时代气氛的描写。《秋收起义》写的是中国现代史上一个重大的事件，其意义的重大就不用说了。既然如此，作品就自然地承担了极其重大的任务，要求通过作品的人物和性格描绘出那个时期的社会的、道德的、心理的特征及其变化。也就是说写出那个时代人们心灵的历史。从现在的面貌看，无疑已获得了一定成就，历史面貌、社会状况都能给人留下清晰的印象，从而使人了解了人物生活的历史环境，也更进一步理解了人物。但是，关于上述各点，还有待展开，有待深化。主角是农民，特别是革命的农民，这方面写得有特色，作为具有典型意义的人物赵志高，也写得不错。前半部里所以感人，就是因为人物写活了，时代的风貌清楚了，阶级关系明朗了，人与人的关系密切了。人，植根于具有显明特征的社会生活的土壤里，他成为有本之木。后半部照道理说生活面应该更宽阔(事实上也的确放宽了)，人物关系更复杂(人物数量多了，但错综复杂的关系写得不够)，生活内容应该更丰富，更多彩的。就现在的效果来看，尚感不足。原因何在呢？我们主观地估计，可能是和生活的概括、提炼有关，何者宜详，何者宜简，设计布置、结构安排，尚有不尽精当的地方；因而，虽然也写出了不少闪光的章节，出现了一些动人的场景，但总的来说，它的艺术效果，它的思想力量，仍欠深刻。描写某个时代的生活特色，常常是衡量一部描写重大事件、重大题材的作品质量高低的重要依据。《秋收起义》第一部下半部描写的时间是大革命失败以后、农民秋收大起义之前，白色恐怖非常严重的时期；描写的地区是南方农民运动的中心地区之一浏阳地区。在此时此地社会生活中主要特征是什么呢？各方面人的思想状况如何呢？阶级力量的对比、变化、现状如何呢？前一时期蓬蓬勃勃的农民运动，其势如暴风骤雨，向这个地区进行了冲击，它对于长期形成的习惯、传统、道德观念、伦理关系、民风民俗有些什么影响？起了哪些变化？哪些正在变化？……白色恐怖来临之后，又引起了哪些变化？各阶级的政治态度、革命和反革命之间，人民内部、敌人内部，各式各样的人物，形形色色的思想活动，积极的，消极的，勇敢的，懦怯的，由消极到积极的，由懦怯变勇敢的，……这些都是读者所关心的。如果通过人物的活动，反映了这些社会生活，表现出深刻的变化，就会增强它的艺术效果和思想力量。从作品现在的面貌来看，你着重反映了革命农民的生活面貌和精神面貌，这无疑是对的，他们是主力，是中坚，必须给予主角的地位。在这些人里，各有各的历史，各有各的觉悟。有自觉地站在革命前边的，也有逼上梁山的；有直线发展的，也有经过曲折道路的。除了这些人以外，中间、落后的群众又如何呢？革命低潮带给人物哪些痛苦、哪些压力呢？这些生活里一定是很丰富的。阶级敌人的面貌又如何呢？有哪些阴谋活动，有哪些罪恶事实？正写、侧写、虚写、实写都可以，但要有这种声势。没有弱者，看不出强者；没有凶恶的敌人，显不出坚强的战士。我们并不是要求作品平均使用力量。每部作品总有主体、客体，但他们之间的确存在着互为依托、互相辉映的关系。写好了社会生活、群众面貌，自然会突出主角的鲜明色彩；有了旗鼓相当的敌人，更会显出人民力量的强大，也才能展开波澜壮阔的斗争画图。这种展开、集中、衬托、对比、相生相克的复杂关系，是生活中提出的课题。在一部作品中，怎样根据作品的需要适当地写好它，还可进一步考虑。在这里，我们并不是希望定出个条条框框，要求任何一部作品一定要写什么，而是针对这部小说，提出一些想法，供作参考。

以上是时代特征、时代气氛方面想到的问题。

（三）其他。除前述两方面的主要问题外，另外提点个别的、枝节的意见：（1）赵志仁流落武汉时，在街头告地状的描写，似乎把人物精神面貌写低了。我们并不一般反对写艰苦生活。受苦受难，这是生活提供的内容，不写反而不真实。问题是他的精神状态。昂扬呢？坚定呢？还是带着点卑微的阴暗的心情，甚至有点受不住了？（2）石葫芦的形象。此人是打算写成英雄人物的，出场之前，做了不少伏笔。应该给他自我表现的机会。现在他一出场就被敌人装在布袋里，显得有些窝囊。如必须要用这情节，也可用侧写，不要用直写、正写。不然，迎着读者而来的先是个布袋（布袋常常是用来装猪猡、猫狗的），后来再出来个人，显得太憋气。（3）三矮老倌的地位。这是个正义感很强的老人，有和土豪劣绅、官府作斗争的经验，有他的群众基础，必须给他应有的地位。大体上，他是个同情革命、支持革命的人物，但不能是政治上的代表人物。作品在确定政治方向的问题上，三矮老倌似乎有代替赵志高的趋势（也可能在起义问题上，三矮的力量大于赵所能动员的力量有关），给人留下这个印象。关于这方面的意见，也可能还有一些，因为是带枝节性的问题，就不一一在纸上详说了。

以上所述，只是想到哪里，说到哪里，没有系统，没有通盘的仔细考虑。意见也极不成熟。为了能进一步推心置腹地交换意见，我们很希望面谈一次。这样，可能更自由，更细致，更全面些。可是，最近期间，因为发稿任务太紧，我们不可能有人南来；同时，我们也想过，即使有人出差到上海，也只有一人而已，而看过稿子的有 4 个人。一个人主要还是个人的理解，能有看过稿的同志一起商量，效果可能还好些。因此，您若有空来京，大家聚在一起，畅抒所见，这样的集体讨论，较之笔谈，或一个人谈，都远为有益。不知你以为如何？

同时，为了能做进一步研究，我们很想能早日读到第二部稿，不知何时写好寄给我们。

第一部稿虽然提出了上述意见，但总的来看，修改工程还不算太大，可否集中力量，争取年底前后改好，在明年出版。以上等等，亟盼回音。

182

此致
敬礼

中国青年出版社文学编辑室章

1962 年 6 月 23 日

（选自《张羽文存》，中国青年出版社 2007 年版）

创办《红旗飘飘》

张　羽

中国青年出版社为加强关于描写英雄人物的传记故事和传记小说的出版，1956年文学编辑室即二编室成立了一个传记文学组，共3个人，我、黄伊和王扶，由我负责。

我这里介绍的是"三个半人"创办《红旗飘飘》的经过。这段历史，对我个人来说，是一页难忘的奋斗史。对中国青年出版社来说，甚至对当代中国的文化出版史来说，都有必要给它作出必要的记述，不使它因时过境迁而湮没。所谓"三个半人"，指传记组的三个人加上半个吴小武(萧也牧)，吴当时是编辑室副主任，只能拿出一半时间来办刊。

传记组虽然人少，但能量很大。黄伊是中山大学毕业生，既精于内务又善于外联；王扶是高中文科优秀生，既有热情又有激情。传记组一成立，我们立即向全国撒开大网，搜集材料，拟订选题，物色作者，开展组稿工作。为了多出作品，我们走出去，同新老作家广泛接触。依靠社会力量，获得了大量线索，拟订了一个可观的选题计划，列名立传或宣传事迹者达百多人，有江竹筠、郭沫若、秋瑾、瞿秋白、李大钊、蔡和森、孙中山、廖仲恺、朱德、闻一多、毛泽东、恽代英……并且都已物色了作者。但过了几个月，我们陆续收到的达到出版水平的成部头稿件极少。有的长稿，部分可取，全稿体例不统一、内容不协调，无法出书；有的短稿，限于篇幅，无法出单行本。这些稿件退了可惜，留着暂时无用，退回修改又煞费时间。因为发不出稿子，大家都非常焦急。大家的工作热情非常高，有那么一股非要为人民、为青年干一番事业不可的劲头。年轻气盛又积极热情的黄伊有点沉不住气了，来向我发牢骚。

我对他说："那不能怪我们。稿子倒不老少，可是有的字数太少，要出版成单行本，篇幅还不够，但文章虽小，却都是用生命换来的。这不是墨写的文章，而是用血写的战绩。退回去，将是对他们事业的不敬重。有些长稿子，最精彩的又只有若干片断，要反复修改才能拿得出手，没有那么多时间啊！"这时，我想起了30年代以来直至解放前夕，鲁迅、郭沫若、茅盾、邹韬奋、夏衍、胡愈之等很多前辈，在上海、香港等地，为了战斗的需要，在无力出版整部头的书籍、无法出版定期刊物的时候，经常使用机动灵活的手段，采用出丛书或丛刊的方式，及时地出版一些读者迫切需要的读物，来进行短兵相接的战斗，产生了十分有益的效果。我说，我们能不能也学他们的样子，出版一个丛刊，发表传记故事和老干部的回忆录呢？他们立即拍手叫好，并把吴小武叫了来。他十分支持。然后我们一起讨论丛刊的命名。吴说他最近要写一个中篇《鱼船儿飘飘》。大家对这个富有诗意的"飘飘"很感兴趣，就围绕着"飘飘"七嘴八舌地议论起来。最后，大家一致赞同命名"红旗飘飘"。

吴小武要我根据今天的讨论和原来的设想，起草一个计划，包括刊名、宗旨，等星期天主任江晓天从党校回来时合计合计，再向社长朱语今请示。于是，在1956年11月29日一次讨论传记组工作问题的会上，我正式提出这个问题，由吴请示了社长朱语今、总编辑李庚同意后，开始筹备一种专门刊登革命回忆录及革命人物传记的丛刊《红旗飘飘》。

我们3个半人就紧锣密鼓地行动起来。我和黄伊、王扶大致分了一下工后，四出奔走，马不停蹄。那时候通讯工具还很落后，打电话都不方便，也没有出租车，只能靠公共汽车和两条腿。有时候为了找到一个知情人的线索，往往要白天晚上走大街穿小巷，反复查找。这样，从组稿到印刷，不到半年时间，1957年5月，《红旗飘飘》以鲜明的革命立场、朴素的纪实文学风格横空出世。吴小武为创刊号写了《编者的话》。《编者的话》中指出："丛刊上所刊载的文章，有长有短，体裁不限。有传记，也有小说，有回忆录，也有一般的记叙文。有描写革命领袖、革命先烈、著名英雄人物及重大历史事件的文章；也有描写无名英雄及革命斗争中各方面生活的文章。"

这是我国第一个专门发表传记小说、传记故事、革命斗争回忆录及描写革命斗争作品的丛刊。《红旗飘飘》的出版立即引起了社会上的普遍

185

注意。首都各大媒体抢着转载、选播《红旗飘飘》上的文章。它成了一面革命回忆录的光荣旗帜。

在读者的鼓舞下，我们又趁热打铁，把可用稿有的修改加工，有的改写，有的采访补充，半年里编出了5集。7月，反右斗争开始，我受到了批判，我一边接受批判、作检查，一边继续编辑《红旗飘飘》。我们在一年之内，一共编辑了6集，其中5集是由我负责发稿的。

《红旗飘飘》头几期，除用主要篇幅反映我们党的革命领袖、革命先烈为了新中国的建立而流血奋斗的英雄事迹和高尚精神的回忆录外，也以一定的版面，介绍了孙中山、廖仲恺、邹容、鲁迅、闻一多等革命先行者光辉事迹的文章。在这5集中，有不少颇有影响的作品。如《在毛主席周围》、《十月革命回忆录》、《回忆廖仲恺》、《革命先烈故事特辑》、《吉鸿昌就义前后》等，还有彭湃、瞿秋白等先烈的壮烈事迹。

后来，吴小武被打成"右派"，我被撤销了传记文学组负责人职务，调离文学编辑室，到新成立的第五编辑室。在新的岗位上，我把创办《红旗飘飘》的经验作了相应发展：把有些作品帮助作者充实提高后出书，把有些文章中提供的线索再采访，扩大出单行本，或是对《红旗飘飘》中的散篇文章又搜集、补充了同类题材文章编辑成单行本，或是完成在编辑《红旗飘飘》时订的计划并出版了单行本。

虽然从1957年底后，我再也没能回到《红旗飘飘》编辑部，但是，我的《红旗飘飘》情结并未就此终了。1990年4月9日，《人民日报》头版刊登了一篇短文《〈红旗飘飘〉何处寻》。这篇署名刘伯峰和尹智博的文章说，他们受香港一位朋友之托，帮忙买一套《红旗飘飘》，可是，他们"几乎跑遍北京市所有的书店和许多书摊，偌大北京书界，像《红旗飘飘》这样用人民共和国缔造者的血和泪著成的史诗，竟无一处有售"。作者深情地说："笔者孩提时曾看过不少诸如《红旗飘飘》、《星火燎原》这类书，受益匪浅，对选择正确的人生之路起了很大作用。现在有些青年人对党的历史、共和国的历史知之甚少……不知道自己的祖辈为争取自由付出过多么巨大的代价，这难道不值得引起警觉吗？"

我看到这篇新闻后，受到了强烈震动。我虽然从"文革"开始后，再没有回到出版社的工作岗位，并且已办了离休手续，但对事业的责任感，对我多少年来从事的革命传统教育工作的热爱，对《红旗飘飘》的深厚感情，仍然激励着我，鞭策着我，使我的心情不能平静。我立即与《红旗飘飘》编辑部联系，告诉他们，这正是《红旗飘飘》继续出版的好机会（从1986年5月出版了第30期至今尚未出版过）。我毛遂自荐要求承担第31集的组稿和编辑任务。我之所以有这个想法，是因为1990年是中国社会主义青年团诞生70周年，而我自"文革"以后，仍然一如既往从事革命烈士传记和回忆录的编纂和采访、写作，对于我国建立社会主义青年团的情况比较熟悉，对第一批团员的事迹，发表过不少文章，并且担任过中共中央党史研究室《革命烈士传》编委会的工作，有一批作者队伍。尽管时间已比较紧，但我对编辑这本特辑充满信心。

适逢上海中共"一大"会址纪念馆副馆长陈绍康等来京，并向我征集材料。我马上同他们联系，希望商量合作出版《社会主义青年团诞生七十周年专辑》。陈绍康表示十分支持，于是我们作了大致的分工，计划4月底发出第一批稿，5月22日全部发齐。同陈绍康商量已是4月11日，我即到《红旗飘飘》编辑部汇报联系情况，坚定他们出刊的信心；向有关负责人陈述理由和自己的计划。4月16日，得到出版社负责人的正式同意，陈绍康也从上海来电说，一大会址纪念馆已决定通力合作。有了这个"尚方宝剑"，我就开始大刀阔斧地干起来。

为了落实发稿方案，我找了中央团校青运史研究室。研究室主任郑洸同志接待了我。他看了我的方案后，发表了详尽而精辟的意见，使我的编辑意图更加明确。于是一篇主题鲜明的《序言》在我脑中形成。

4月26日，出版社在研究了我的发稿方案后，决定由我负责编辑、加工、定稿。于是，京沪两地开始忙碌起来。那时，我家还未安装电话，每次打电话都要到出版社的办公室或传达室，无疑要浪费不少时间。

为了约到有分量的稿件，我采访了刘少奇的夫人王光美，请她写了《少奇青少年时代生活片断》；采访了任弼时夫人陈琮英，请她写了《痛悼弼时》。

6月14日《红旗飘飘》第31集全部发稿，8月出版，共24万字。其中由我撰写的《王一飞和陆缀雯》、《义无返顾——记傅大庆烈士》、《难忘的渔阳里》、"编者的话"《一代精英从这里起步》。书上除我写的文章外，责任编辑未署我的名。我把几百元的编辑费全部缴了党费。虽然在紧张的劳动之余，我并没有得到什么名和利，但是我感到十分欣慰：一是作

187

为一个老编辑、老共产党员，对社会有了交代，告诉人们，《红旗飘飘》又"飘"起来了；二是在我离开了中国青年出版社的工作岗位 14 年之久后，我又为停刊了 4 年的刊物重新开张作出了贡献。

（铁凤根据张羽未发表的文字材料和公开发表的文章整理）

编写整理《王若飞在狱中》

张　羽

在王若飞同志殉难 15 周年之际，1961 年，中国青年出版社编辑出版了《王若飞在狱中》一书。王若飞的英雄业绩成为革命传统教育的珍贵教材。这本书被人们誉为革命回忆录中一部里程碑式的作品。

《红旗飘飘》创办之初，我们研究选题时列出的烈士名单中就有王若飞。最初我们拟请王若飞夫人李培之来写，可是李培之因工作忙，一直没有写出来。1957 年 8 月间，黄伊在翻阅各地报章杂志时，发现在内蒙古出版的《草原》杂志上刊登了《王若飞同志监狱斗争的一段忆述》，1 万字左右。作者是杨植霖。黄伊就写信请杂志社转告杨，希望能继续积累资料，在原有基础上充实，发展到几万字，交我们出版。

1959 年 8 月 10 日，内蒙古自治区党委寄来了杨植霖的这篇稿子。这时已是"反右"之后，原来创办《红旗飘飘》的黄伊、王扶和我都已去了别的编辑室，萧也牧也被错划成"右派"而下放劳动去了。后来的那位《红旗飘飘》编辑认为不能用，就把稿子交给了我。我仔细看了稿子后，觉得题材重要，材料翔实，内容丰富，有些细节也很生动，有闪光的思想。我如获至宝，因为这块璞玉正是我们踏破铁鞋求之不得的。但稿子也不尽完美，最大的弱点是表达方法，没有按照回忆录写法，而是写成夹叙夹议的评述性文字，可读性不强，尤其是青年读者不易接受。

我反复掂量：稿子材料很丰富，退掉太可惜了，可是不动手术就采用也实在不行；如果能按时间先后重新编排，向纵深发展，更适合青年读者的阅读习惯。我把稿子送五编室主任覃必陶复审，并提了口头意见。覃同意我的意见，并决定请杨植霖自己修改、补充。很快，杨植霖到北

189

京来开会，覃必陶去和杨谈了一次。杨在稿子上补充了一节，也作了些文字上的修改，但还是没有解决原来的问题。怎么办？杨植霖工作忙，再由他去修改，可能还是很难尽如人意。我决定把稿子留下，但编辑部必须帮助作者进一步搜集材料，在原稿的基础上充实和发挥，重新改写。我认为作为编辑，对这样一部题材重大、内容丰富的稿子，不能随便否定、退稿，而应该千方百计设法救活，使之出版发行。总的来说，我是喜欢这部稿子的。我就主观地替它作了设计：把它原来 8 个横向的题目打乱，按事情发展的时间先后另行重新编排，使事件和人物思想变化向纵深发展。按照新的构思，我列出了 22 个小标题，拟了个重写计划，并说明这个作品是有希望、有潜力的，如能改好，将会成为一部佳作，一部生动的革命传统教育读物，但要作一番努力，要重写。覃必陶和社长朱语今都表示支持我的意见。朱语今派我去完成。

1960 年 2 月 15 日，杨植霖的秘书朱子明通知我们，2 月下旬可派人去内蒙。我又看了遍稿子，写了意见，送李培之审阅，并同她商量：以杨植霖的文稿为基础进行修改，并把她和若飞弟弟王景任掌握的材料也补充进去。她慨然同意。我又从出版社资料室找了些有关报刊资料作参考，2 月 25 日出发去呼和浩特。

我在呼和浩特的书店买了一些关于内蒙古风俗习惯方面的书，为的是在作品中加强地方色彩。朱子明又找了些内蒙古报刊上发表过的有关文字资料。我请杨植霖陪我到呼和浩特监狱的里里外外参观了一次，接着就同杨植霖谈我的修改设想。我先改出两章请杨定夺，他表示满意。

我日夜兼程，修改稿子。一共进行了 28 天，把全稿通体改了一遍，由原来 4 万多字的稿子充实成七八万字，3 月 26 日完成。修改后定名为《若飞同志在绥远狱中》，杨植霖写了《前言》。

我立即回京把稿子整理后，送李培之、何干之审阅，4 月底排出清样，陆续分送周恩来、董必武、吴玉章、徐特立、乌兰夫等领导审查。

根据王景任的意见，介绍一下王若飞在被捕前的国内形势和内蒙古当时的社会背景，以及王若飞是怎样回国的、回国后又做了些什么。我同杨植霖联系后，他表示同意。10 月底杨植霖来北京开会时，约我同去看望乌兰夫，正好汪锋也在场。他们谈了王若飞回国后到内蒙古的活动及被捕情况。回来后，我又为杨植霖的文章增加了一节《草原星火》。

　　这本书之所以能够获得巨大的成功，除了作者、加工整理者、烈士亲人、战友的努力和通力合作，还有一个十分重要的因素，就是党的领导人直接参与了审稿和定稿。他们把对战友和烈士的深厚情谊，化为准确、深刻的意见，对提高书稿质量起了关键作用。

　　这期间我在研究稿子的时候又考虑到还有些不足：杨植霖的稿子只写了王若飞在绥远狱中，但王若飞从归绥（呼和浩特）押赴太原后，仍系在狱中，那么情况如何呢？结局怎么样？从一部完整作品来要求，有始无终，仍有不足，编辑的任务还未完成。我从报刊资料上看到，乔明甫曾发表过这方面的短篇回忆。经同李培之商量，约请乔写王若飞在太原狱中的情况。乔写成后又根据我们的意见修改了两次。杨植霖的《若飞同志在绥远狱中》和乔明甫的《若飞同志在太原狱中》合在一起，反映了王若飞狱中生活的全过程。以后出书时合称为《王若飞在狱中》。

　　《王若飞在狱中》出版后，读者都很想知道：王若飞究竟是怎样出狱的？那时全国的政治犯还没有放，山西为什么先放？王若飞为何首先获释？经过怎样？1962 年 1 月，杨植霖来北京开会时，我去访问他。杨谈起，薄一波对王若飞出狱前后的经过知道较多，可请他写篇王若飞出狱的文章。联系后，我和陈碧芳到北戴河请薄一波介绍当年中共北方局指示他营救若飞同志出狱的经过。为了尽量利用薄有限的时间，在调查、提问、核对事实上得到更大的收获，我在访问之前，看了那个时期的背景材料，了解了太原和太原狱的基本情况。因此，访问回来后能在较短的时间内，帮薄一波完成了《若飞同志出狱前后》一文。由于党的营救而结束了王若飞的狱中生活，成为这个历史人物昂然出狱的点睛之笔，全文约 1 万字。一波同志对稿子十分满意，同意以他的名义发表，并在前边加了按语。他笑着对我说：“我只给你谈了两个小时，你为我写了 1 万字。有些是我没有讲的，你写了，但是写得对，写得好。”《若飞同志出狱前后》及按语发表在《红旗飘飘》第 16 集上，《人民日报》也全文发表。“四人帮”被粉碎后，这篇文章就放入《王若飞在狱中》一书再版。这样，这本书就有了三篇文章，全面介绍了王若飞的狱中斗争生活。

　　书出版后，风行全国，影响很大，各方面都对它加以介绍和宣传。它成为中国青年出版社在那个年代里所出版的革命回忆录中的标兵，也是中国青年出版社建社以来发行量最大的书籍之一。

在编辑《王若飞在狱中》过程中，我不但受到了若飞同志的精神教育，而且也接受了名利的考验。

杨植霖为了我的写作方便，给我换了单人房间，超过了我那时候的级别允许报销的标准。出版社从我的工资中扣除了超额部分50多元钱。

杨植霖为感谢我做的工作，于1961年4月30日给我寄了150元稿酬，并写信一封。信中说：《王若飞在狱中》一书出版，你出力很大。为感谢你的辛勤劳动，兹汇上150元，微表我个人的谢意。请查收。"我于5月3日收到后，当即在汇单上写了8个字："此款退回，详情另告"。我把钱原封未动地退回给了杨植霖，在给他的信上说："这钱我不能收。我在这次整理稿件过程中得到的最大收获是受到一次革命传统教育，受到烈士高贵品质的深刻教育，其他都是次要的。你是一个七口之家的家长，家里负担比较重。这些钱就作为你家里的日常生活开支吧。"这就是我对金钱的态度。

另外就是如何对待名的问题。杨植霖在3月20日写的《前言》中说："这本书的写成，中国青年出版社的张羽同志出力不少。他亲自前来呼和浩特，和我研究章节的安排，帮助我整理、修润、增补、草录，以至于完成。在这里特向他深致谢意。"我看了后对他说，你既然把稿子授权予我，那么《前言》怎么写，也授权予我吧。我回京后没有把这个《前言》给领导看，而把它塞进了档案袋里。我认为我做了一个编辑应该做的事情，没有必要特别写这些感谢的文字。我又为杨植霖另外起草了个《前言》，就是后来书中发表的，文中只保留了这样的话："在中国青年出版社不断关怀和协助下，这篇回忆录总算写出来了，因而我也稍稍得到些安慰。"我在以后的岁月里，常常看到一些人为追逐名利煞费心思，甚至不择手段，就会想起我们过去的老编辑对待名利的态度。

我要去呼市改稿时，遇到了一些个人问题。一是我父亲刚刚去世。我是父母的独生子，在我国困难时期，我无法更多尽儿子孝道，回老家同父亲告别后，心情十分沉痛。二是我原来在上海的一位已经分了手的女友，正好这时要出差去广州，想途经北京时同我作一次谈判。我已近不惑之年，尚是单身，这次谈判对我来说不能说不重要。可是我却写信告诉她，我要去内蒙古，这件事以后再说吧。这样，自然就失去了机会。为了工作，我把个人的苦恼、得失抛置脑后，毅然决然地去了内蒙。我把修改这篇稿子，看作是党交给我的庄严任务，是没有价钱可讲的。

通过这本书的编辑出版，我和杨植霖夫妇结成了深厚的友谊。在以后的岁月里，杨植霖夫妇给了我在精神上和生活上极大的安慰和鼓励。

（铁凤根据张羽未发表的文字材料和公开发表的文章整理）

戴文葆

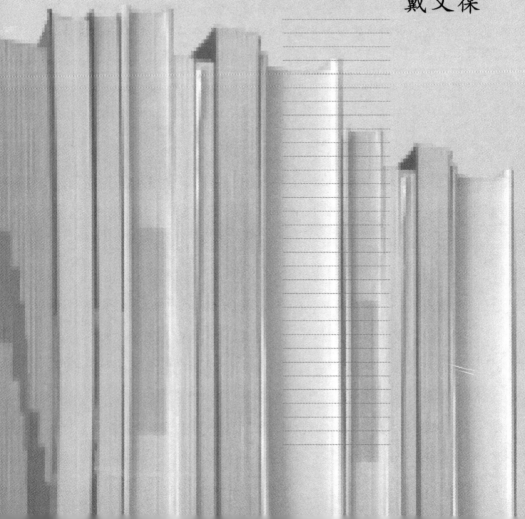

戴文葆（1922～2008），江苏阜宁人。中共党员、中国民主同盟盟员，著名编辑家、出版家、著作家，国务院特殊津贴获得者、首届"韬奋出版奖"获得者，人民出版社司局级离休干部，资深编审。

　　1945年复旦大学毕业。1942年起从事党的地下革命工作，曾任《中国学生导报》主编，后任上海《大公报》评委、副编辑主任。

　　新中国成立后，先后在人民出版社、三联书店、中华书局、文物出版社工作，1994年回到人民出版社。他早年曾为进步报刊撰稿，创作散文集《中国走在前面》、传记《刽子手麦克阿瑟》等。他擅长编辑难度大，涉及范围广的书稿，组织翻译了《印度的发展》（尼赫鲁著），全力选编《宋庆龄文集》，参与制定多项国家出版规划。他主编的《编辑工作基础教程》是新中国编辑的首批教材之一。另有编辑出版学著作数部和论文多篇。他倡议成立中国编辑学会，并担任中国编辑学会第一、二、三、四届顾问。

多读书　爱交游　勤动笔

——同青年编辑谈编辑工作

戴文葆

有一位艺术家，把他学艺的经历，对表演艺术的追求，把他从事剧影工作的一生经验的总结，概括地题名为《地狱之门》。这是从但丁《神曲》中引用来的典故。但丁在他的长诗里描写了经历"地狱"、"炼狱"、"天堂"的情景。地狱的入口处写着：

这里必须根绝一切犹豫，

这里任何怯懦都无济于事。

马克思 1859 年在伦敦所写的《政治经济学批判》的序言结尾就引用这位佛罗伦萨诗人的格言，他向我们指出：

在科学的入口处，正像在地狱的入口处一样，必须提出这样的要求："这里必须根绝一切犹豫，这里任何怯懦都无济于事。"

对于追求真理和宣传真理的编辑出版工作而言，对于我们所从事的意识形态工作的艰巨性而言，入口处也可以说是"地狱之门"。

然而，这还只是我们编辑工作的一个方面，从另一个方面说，从我们所从事的工作的重要性来说，也应该称之为通向"天堂之路"的工作。我们是宣传马克思主义的，我们是为全面开创社会主义现代化建设的新局面而工作的。我们正在建设具有中国特色的社会主义，致力于物质文明和精神文明的建设，要把一个落后的中国改变成一个富强的中国，使生产力较快地提到一个新的水平，创造更多的新的财富，使国家和人民都能较快地富裕起来。这不正是通向天堂之路么？

人们把出版编辑工作称为社会主义现代化建设的"先行官"。编辑出版工作既是社会主义精神文明建设的一个重要部分，同时又对精神文明的建设起着不可忽视的作用，而且物质文明的建设也迫切需要编辑出版工作。两个文明的建设，向我们提出了严肃的要求，要求我们和当前建设热潮相适应，要求我们为它很好地服务。这就是我们的重要任务和光荣职责。

这个重要任务和光荣职责，迫使我们要刻苦学习理论，学习专业知识，刻苦钻研业务，掌握编辑工作各个方面的知识技能。任务重，工作比较艰苦，目前有些条件又不具备，然而我们既已选定这个职业，承担这一职责，就应该像马克思向我们指出的那样，"必须根绝一切犹豫"，"任何怯懦都无济于事"，要有信心有勇气经受一切磨炼和考验，去适应党和人民事业的需要，革命和建设的需要，尽心尽力，把我们的工作做得好一些。这就要求我们努力提高政治素养，充实专业知识。一切出版物的质量，首先和主要地决定于作者和编辑的政治、学术水平。离开了提高编辑的工作质量，就谈不上提高出版物的质量，无从发挥和体现出版工作在整个四个现代化建设中的巨大作用。因此，用不着多说，我们大家都面临着提高政治和文化素养的问题，也就是说，我们大家目前面临的最大的问题，共同的问题，就是如何加强学习的问题。

马克思在《资本论》的《法文版序言》最后说：

在科学上没有平坦的大道，只有不畏劳苦沿着陡峭山路攀登的人，才有希望达到光辉的顶点。

马克思的这一段话，应该成为我们各个编辑部每一张桌子上的座右铭。

在这里，我想赠给诸位年轻的编辑同志九个字：

多读书，爱交游，勤动笔。

我们家乡有句民谚："千里送鹅毛，礼轻人意重。"这十个字，就是我工作将近四十年积存下来的一支鹅毛，今天奉赠给各位青年同行。

一

先说头三个字：多读书。读什么书，怎么读，不是三言两语可以说完，各个酌量自身的情况去实行。我讲多读书，有这么几点要跟同志们商量：

（1）下功夫学理论。学马列主义、毛泽东思想，学习社会科学基本理论，来提高我们的政治素质，提高我们的鉴别能力。马克思主义是我们认识和改造世界的强大思想武器，是我们党制定方针、政策的指南，是每一个干部都应当学习的一门科学。我们编辑出版工作是宣传共产主义思想的，宣传马列主义、毛泽东思想的，为社会主义的物质文明和精神文明建设服务，为培养有理想、有道德、有文化、守纪律的社会主义新一代服务的。我们在提高知识水平和业务能力的同时，首先有个提高编辑的政治素质的问题。因而必须系统地经常地对自己进行马克思主义的理论教育，提高自己的政治素质，在复杂的情况中才能坚持社会主义方向，坚持宣传爱国主义和共产主义思想，自觉地贯彻执行党的路线、方针、政策，批判那些腐朽的思想，虚伪的科学，保证书籍出版的政治性、思想性和科学性的鲜明、正确。要时刻不忘我们是精神产品的生产者，对人民群众负有严肃的责任。

(2)学习基本知识，进而学习专业知识。我们的编辑同志，一定要认真掌握文史基本知识。这中间最基本的是汉语基础知识，文学和历史、地理基础知识。一面打基础，一面学专业；不打好基础，专业学不好。在一片狭窄的沙滩上，不能砌高楼。

关于语文知识，具体地讲，可不可以这样要求：写好一篇通顺简洁的白话文。如果一篇记叙文、说明文还写得文理不清楚，病句不少，这样要去审读他人的稿件，整理加工他人的稿件，那是不能设想的。同样，也要学会写议论文，审读意见就应该是一篇论文、一篇书评、一篇读稿札记。文理不清楚的人，不能体会作者构思运笔的甘苦，难以对稿件作出恰当的评价。所以要掌握语文知识，进一步学习古汉语知识，文学史知识。如果搞外文的，还要学习外国文学史，国外文艺思潮知识。有关这方面，只说这一点。

关于历史和地理知识的重要，我体会其性质不下于语文知识，一个是时间，一个是空间，两个概念一定要弄清楚，而且要相结合。前者可简称一竖，上下五千年；后者可简称一横，左右八万里，我们对古今中外的最基本的情况，心里有个谱，就能进一步去考虑如何知人论事了。

读历史的朋友们可能还记得，北京大学邓广铭先生曾提过要掌握"四把钥匙"，就是年代学、职官学、地理学和目录学。是不是仅仅这四把钥匙，那是可以商讨的，邓先生也没有这么说，可是后来却被批判为反马

199

克思主义的，这种批判根本不能成立。试问：如果不知历史事件的年代，不知道系年的情况，历法的变化和对照，读了《史记》也不清楚陈涉从起义到败亡前后只有半年时间；如果不知道重要朝代的中央官制，不了解学士与大学士的区别，就不能理解一些政治事件的真相和意义。不掌握一点版本目录学知识，辑集和审订材料也要发生困难。一定要有地理沿革的概念，弄清今昔地名的演变，事件发生地区的山川形势，才有助于了解事件的来龙去脉。可见，不掌握这四把钥匙，不好去研究历史。此外，研究中国史，不能不通晓古汉语；研究外国史，不能不通晓一门或几门外国语；语言这把钥匙也是不可或缺的。所以我们要多读书，首先养成读书的习惯，弄懂和掌握文史基本知识，进而探讨各自选择的专业。

我们常常在一些文稿中遇到遣词不妥，论事失真，史实不符，时地不合，这就削弱了文稿的科学性和说服力。即使是我们很敬重的前辈，有学问的长者，有时也难免发生这样那样的常识性差错，说对了的中间夹杂着说错了的。我们在读稿看书时不能粗心大意。这种事例可说常见不鲜。

我们编辑工作者，必须谨慎对待一字一句。这还仅就一般问题而言，至于古籍的解释，史事的考辨，理论的阐发，现实的评论，应注意者更多。我们在学习中由浅入深，由近及远，培养读书的习惯，打好基础，同时锻炼思考和表达的能力。掌握文史知识，避免开口就错，下笔讹误；有了个意思，能说清楚，说得恰当。这是多读书的第二方面。

(3)学习一门外国语。掌握一门外语，可以扩大视野，增加求知的机会，等于多长了一双眼睛，提供新鲜的阅历，丰富了思维活动。用不着引经据典，其重要性毋需唠唠叨叨。

关于多读书一项，只提上面这三点，就是：学理论，打文史知识基础，学一门外国语。学理论，使我们学会识别；有了文史基础知识，使我们能表达；懂一点外文，多一双眼，能沟通中外。多读书、观察和思考，才能识别、表达和沟通，由博杂而专精，在较宽广的基础上求深造。有人把编辑美称为"杂家"，从这个意义上体会，能做好"杂家"就不坏。

这里还应提一下善于使用各种文史工具书问题，要学会查阅翻检，要时常质疑请教。这些工具书在我们手边，犹如请来专家、学者，聘到"侍讲"、"侍读"，能给我们释疑解惑，指点门径，是不出声的老师。

二

再说中间三个字：爱交游。我主要的想法是，要多接近周围的人，要注意向他人学习，学习别人的优点、长处，来提高自己的学识和品德。闭门索居，孤陋寡闻，不留心周围事物，没有人切磋讨论，不利于自己的成长。

什么叫交游？指所往来的朋友。《庄子·山木》云："辞其交游，去其弟子，逃于大泽。"这是不要朋友、学生，逃往深山大泽做隐士了。《史记》中说："朋友交游，久不相见，卒然相睹，欢然道故。"这和《论语》中"有朋自远方来，不亦乐乎"，意思相同。《荀子·王道》也说："其交游也，缘义而有类。"我国历来在人与人的关系上，非常重视朋友，封建宗法社会将它列为"五伦"之一。《孟子·滕文公上》说："朋友有信。"这是人和人之间的关系应当遵守的行为准则之一。晚清思想家、戊戌维新的英杰谭嗣同，在《仁学》中对于封建专制主义、封建纲常伦理以及独夫民贼作了无情批判，独对朋友一伦十分重视，他说：

> 五伦中于人生最尤弊而有益，无纤毫之苦，有淡水之乐，其惟朋友乎！顾择交何如耳。所以者何？一曰平等，二曰自由，三曰节宣惟意。总括其义，曰不失自主之权而已矣。兄弟于朋友之道差近，可为其次。余皆为三纲所蒙蔽，如地狱矣。

求友是人生的大事，讨论学问、切磋研究的方式之一。《诗经》的《小雅·伐木》有："嘤其鸣矣，求其友声。"后世即以嘤鸣来比喻朋友之间同气相求。《诗经》、《论语》和《礼记》都讲到"如切如磋，如琢如磨"，求友就是为了多商讨，切磋琢磨，才能长学问。《论语》中说：

> 益者三友，损者三友。友直，友谅，友多闻，益矣。友便辟，友善柔，友便佞，损矣。

对自己有益的朋友有三种：要同正直的人交朋友，同信实的人交朋友，同见闻广博的人交朋友，"益矣"，便有益了。如果同谄媚奉承的人交友，同当面恭维背后毁谤的人交友，同夸夸其谈的人交友，"损矣"，便有害了。

《论语》里还说过："益者三乐，损者三乐"。有益的三种快乐之中，"乐道人之善，乐多贤友"，这二乐是以宣扬别人的优点为乐，以交了不少有益的朋友为乐，可见交游与友道之重要了。《论语》里还说，要"见善如不及"，看见人家好处，好像赶不上似的，那就要努力追求，努力赶上去。

所以前人谈到择友，要与胜己者为友。胜侣、胜友，是指良伴、良友，高明的朋友，王勃《滕王阁序》中有"胜友如云"、"高朋满座"之句。读书学艺，必须访师求友，虚心向人学习，我们强调爱交游即是为此，而不是呼朋引类，拉帮结派，争名于朝，争利于市，来达到个人的卑劣妄图。

编辑要接近作者、发现作者，要讨论处理稿件，要发动社会力量，都要注意交朋友。不但工作上有必要，在个人修养方面更必要。朋友多，议论多，各种才能都会有。能和性格、教养、爱好、谈吐、服饰不同的人相处，可以开拓我们的胸襟，培养民主精神，有事与人商量讨论，七嘴八舌，不感骇怪。着眼大处，存异求同，虚怀若谷，避免主观武断，强加于人。这对进德修业，都有益处。

社会科学院于光远同志曾在《读书》杂志上讲到同志们的读书会活动，大家聚在一起，切磋讨论，相互鼓励，共同探讨，共同进步。北京师范大学白寿彝教授，在学校历史系内组织读书讨论，也含有这个意思。这都有助于培养新的学风。我所贡献给诸君的"爱交游"这三个字，也是为了这个目的。

交游是来往的意思。这里还要附带引申一下，在可能的条件下，要多浏览，多观光，从观览文物古迹、文化设施、图书馆、博物馆、纪念馆以及其他历史胜迹，来提高自己的文化修养，陶冶身心。我们不仅面对着各种各样现实问题，我们也是生活在历史中。历史上长期存在的问题，不可避免地要出现在我们的生活里。参观历史名城，访问历史遗迹，欣赏历史文物，从而认识我国人民所创造的精神与物质财富，认识我国优秀的文化传统，培养民族自尊心、自信心，帮助我们理解书籍里的内容，会有意想不到的启发，对我们做编辑工作的人太重要了！很可惜，不少研究工作结合出土文物还不够，社会上利用博物馆、纪念馆还不够，进行革命传统教育活动也不够。今天不能在这方面多说，只提个头，请同志们关心。

三

现在说最后三个字：勤动笔。我不是讲《文心雕龙》，文章修养，文章作法等等。我只准备从编辑业务的角度，来谈谈这个问题。人家不无嘲笑地谈起我们所献身的行业，形象化地归结为：剪刀、糨糊。不完全对！首先而重要的是：我们必须拿着一支笔；而且，要用好这支笔。

人类的文明，文化遗产，几乎都归结在书籍里。当然，还应该包括传世的和出土的文物，以及我们现在所过着的生活，衣、食、住、行所体现的现代水平。不过，主要还是书籍。高尔基说得好："衡量人民文化水平的正确方法，是看这个国家出版的书报数量。"不言而喻，数量都包含着一定的质量。质量低劣的数量再大，也是微不足道的。

编辑在书籍出版工作中，处于评估、掌握和某种程度地提高质量的地位。编辑工作是一个独立的行业，一门学问，一种艺术，也是一项特殊的工艺。一本书的诞生于世，从选题、组稿或是处理作者来稿，到审查稿件，约请外审人或编辑部自己处理，综合审稿意见，决定接受、修改后接受或再行考虑，或者退稿。稿件接受后进行编辑加工，校正政治思想上的差错，订正事实，修饰文字，进行技术整理，检查表格插图，核实参考文献及其他附录、索引，编校目录，考虑其前言、后记或出版说明，决定封面、扉页及版权页，写出供征订用的内容简介，排好页码，交付设计和排字。以后还有繁重的校对，检查校样，签字付印。直至检查样书，批准发行，最后才由发行部门按商业程序把它送到广大读者的面前。在这一系列过程中，编辑始终处于重要地位。他处理的是文稿，要做各种加工，检查内容结构、改进文字修辞，防止在修改加工过程中产生新的差错。既要改进文风，又要尊重作者风格。这样，作为一个编辑，首先要求自己能够写出文字通顺、论述恰当的文章来。文章必须有思想性，还要有文字技巧。不能想象，一个文理不通、粗枝大叶的编辑能够担负起自己的职责，能够加工整理作者的文稿，能够处理正文之外的一系列文字问题，例如：书名是否准确地体现主题，用字是否恰当；怎样与作者进行书面的讨论，写信如何措辞；内容简介怎么写，勒口上要不要印说明等等，都需要考虑。

对于我们做编辑工作的人说来，要求必须做到文理通顺。怎样去实

203

现这个要求？除了要多读书、多思考，要切实体验实际生活等等以外，一个重要而又具体的方法就是勤动笔。

编辑不能手懒，要当个称职的编辑就得经常练笔，这和战士要勤练射击一样。

编辑同志的面前不乏练笔的园地。审读意见，内容提要，书刊介绍，本身就是一篇文章。与作者通信，写访问报告，在稿件中加按语、题解、注释，也是一种写作。读书笔记，学习心得，以及日常朋友之间的书信，都有练笔的作用，青年同志写情书，字斟句酌，更类似文艺作品了。

勤动笔，很重要。对一个问题懂不懂，懂多少，哪些环节还不懂，动笔写就是个测验的法子。懂得不透彻的地方，怎么也写不下去，动笔去写一写就有体会了。

文章怎么写？可以看作家、学者的创作经验谈。至于什么写作辞典、描写辞典等等，不看为好。关于怎样写文章，颇有一些说得好的专著和论文，请大家自己去找适合的看。这里简单介绍叶圣陶先生在一个业务训练班上的讲话，他指出首先要端正文风，摒弃假话、大话、空话、废话；要坚持实事求是，明确为谁服务；要有群众观点，并非舞文弄墨，花言巧语；要学点语法、修辞、逻辑，这跟思想方法、表达方法有关；要避免说套话、说老调；要养成写作的好习惯，写好之后，多看几遍，多改几遍，假使能有几个人共同商量一下，那就更好了。他还说到"要做杂家"：

咱们干动笔写东西的工作，总要尽可能有丰富的知识。鲁迅曾经写信给一位搞文学的青年说："专看文学书，也不好的。先前的文学青年，往往厌恶数学、理化、史地、生物学，认为这些都是无足轻重，后来变成连常识也没有，研究文学固然不明白，自己做起文章来也胡涂。所以我们希望你们不要放开科学，一味钻在文学里。"鲁迅这几句话，对于记者、编辑，都极其有用。……我看，大家要干革命，总是多学一些东西、多懂一些东西好。……我说，我们要争取做个杂家，唯其杂，才能在各方面运用我们的知识，做好报道，写好文章。

说到勤动笔，我们出版社同志感到有个编创矛盾的问题存在。这的确是个问题，在排除了"向钱看"的弊病外，目前只有通过遵守职业道德和善于利用时间来解决。

应该承认，这是有困难的，有某种物质条件不足的限制。但正如外国有句谚语所说：只要相爱，总会找到会面的时间的！

高尔基多次谈过编辑的职责，对编辑工作的要求很高。他认为编辑应该比撰稿人高强，应该目光敏锐，熟悉业务，精通政治和文学。他曾经这样强调："在一定意义上说，编辑应该教导和教育作家。"

编辑必须学习再学习，勤动笔，勤练笔。还是高尔基说得好：

只要愿意学，什么都能学会……一个人是可以做到他想做的一切的，需要的只是坚韧不拔的毅力和持久不懈的努力。

那么天才呢？天才就是对自己工作的热爱，就是善于工作。对自己所选定的事业要呕心沥血，要竭尽全力。同志们，必须学习再学习！

勤动笔，勤练笔，在很好地完成本职工作之外，祝愿同志们写出好散文、知识小品，写出学术论文、学术著作。认真做好出版工作，出版社不但能出好书，同时也能出人才！

四

同志们！我奉献给诸位的几个字：多读书，爱交游，勤动笔，大致就谈这许多。只是提个头，请大家各自去琢磨，去考虑，去实行。

205

总括这九个字，再补一个"积"字作结束。积字在这里的意思是积聚、积蓄。知识、技能，积久而成，非一日之功，要一点一滴、一步一个脚印地积累。

荀况是我国先秦时期的大思想家，他提出"制天命而用之"，人力控制自然，改造自然，强调人们要发挥能动作用，使自然物为人所用，即所谓"制天命""裁万物"，在当时是一种朝气蓬勃的先进思想。他留下的著作《荀子》一书，现存三十二篇。在政治方面，"隆礼""重法"为其"一天下"思想《封建统一论》的主要内容。他的集子里，讲天，讲礼、法、王霸、势、后王，讲知与行，性与伪。关于学习问题，我注意他强调一个"积"字，集子里《劝学》、《修身》、《儒效》等篇，都着重"积"字。我认为值得注意。

荀卿强调学习的重要性。他认为人的知识才能不是天生的，因而学习一天也不能停止。学无止境，后来居上。他说："学莫便乎近其人。"学习要接近良师益友。"锲而不舍，金石可镂"，学习就要发扬锲而不舍、用心专一的精神。

荀卿说明只要专心致志，坚持不懈，学习就会有成就。他用"积"字来说明这个看法。

积土成山，风雨兴焉；积水成渊，蛟龙生焉；积善成德，而神明自得，圣心备焉。故不积跬步，无以至千里；不积小流，无以成江海。（《劝学》）

跬步而不休，跛鳖千里；累土而不辍，丘山崇成。（《修身》）

积土而为山，积水而为海，旦暮积谓之岁，……积善而全尽谓之圣人。彼求之而后得，为之而后成，积之而后高，尽之而后圣；故圣人也者，人之所积也。（《儒效》）

真积力久则入，学至乎没而后止也。（《劝学》）

人要做到老，学到老，活着就要学习，"圣人"又有什么了不起，普通人长期积累好的品德，"积善而不息"，就可以成为"圣人"，他说明学习踏实持久，就能深入。"求之而后得，为之而后成，积之而后高。"人们要不断地努力追求，努力实行，不断地积累知识技能，就能提高了！

荀子也批评当时有的人学习态度不好，告诫人们不要学了一点就卖弄，要善于积蓄，长期磨炼。不过，荀子用君子与小人、古人与今人来区分学习态度的正确与错误，这是不对的。在这方面，古人中以顾亭林讲得比较好。他批评当时有些人"学为不似之人"，这句话最严厉，最沉痛。他赞成"士当以器识为先"，主张"博学于文"，"行己有耻"，"自一身以至于天下国家，皆学之事也；自子臣弟友以至出入、往来、辞受、取与之间，皆有耻之事也，耻之于人大矣！"要努力学习，更要明耻。

此刻，我想起《唐诗三百首》中最后一首诗，杜秋娘所作《金缕衣》。秋娘能歌善舞（当然是经过一番刻苦学习的），其后佳人老去，寄望于年青一代，她的诗写道：

劝君莫惜金缕衣，劝君惜取少年时。

我建议各位对杜秋娘的诗句作积极的解释，而不要当做鼓吹及时行乐的赞歌。上面所谈的一些话，不过是综合前人的主张和经验，奉献于我的年轻同行的面前。相信同志们通过自己不懈的努力，在历史新时期的灿烂阳光下，能够做出成绩来，超越前人。

（此文是戴文葆同志于1982年8月在中国出版工作者协会举办的"图书出版基本知识"培训班上的讲话摘要）

审读书稿是编辑的重任

戴文葆

关于原稿的审读，是一个古老的常见的题目，也是一个重要的敏感的题目。编辑工作过程中，每一个环节都不能放松，而原稿的审读更必须抓紧，不能掉以轻心。

审读原稿，在编辑工作中是一项重大任务。每一位从事编辑工作的同志，都要面对着这个任务。对书稿的政治内容、学术艺术质量作出基本评价，是编辑的重要职责。原稿的审读，也是作为一个编辑的基本功。这个题目值得从理论上和实践上进行深入的研究，特别是要从总结历年经验着手，相互讨论，彼此交流，归纳出若干应遵守的原则和可行的方法，并在今后的具体工作中继续充实和丰富起来。

中共中央和国务院 1983 年 6 月颁发的《关于加强出版工作的决定》中指出："书籍是人类进步的阶梯。在过去革命战争年代，传播革命真理的书刊，启发和引导了成千上万的人走上革命道路；在新的历史时期，传播共产主义思想，传播科学文化和传播一切有利于人类进步的知识的书刊，对于我国社会主义制度的不断完善和发展，对于培养有理想、有道德、有文化、守纪律的社会主义新人，将起越来越重要的作用。"

出版社编辑部因此要牢牢抓紧书稿的审读，保证出版物的质量，才符合党和国家的要求。抓好审读这一环节，将会带动全局的工作。出版工作中的失误，根据我们的闻见，莫大于放松了原稿的审读，招致严重的政治问题，引出无穷的烦恼，造成经济的损失。编辑、总编辑的眼睛看什么？不是向钱看，首先和最重要的是看稿、审稿。出版社工作纷繁，头绪甚多，就好像一盘围棋，棋局纵横各 19 道，361 个交叉点，眼要做

207

好，一着下对，弄活全局。稿件对路，审读有方，就能把出版社的全部工作弄活了。审读原稿，这是与作者关系、与读者关系及与时代要求、自身任务的交叉点。一旦放松这个交叉点，一定会招来许多挠头的问题。

我们经常遇到的原稿，非常繁杂，不论是社会科学出版社还是自然科学出版社，来稿涉及许多学科，各该学科的书稿性质内容又有不同，因而审读的要求也有所不同。编辑所面对的原稿，大致说来，有著作稿，汇编稿，翻译稿，图片集，辞典、手册之类。著作稿中，有学术专著、中级读物、通俗读物和少儿读物。汇编集中有政策文件集，论文集，选集，专题资料集等等。翻译稿的门类、语种也很多。每种稿件都有自身的体例、章法与内容，但审读各种稿件的基本道理是相通的。著作稿固然应受重视，审读有一定的难度。而汇编稿亦不能轻视。一部汇编稿，从主题、书名、选材、编例，到章节的区分，标题和题解，按语与注释，前言后记，图表索引等等，可说是集编辑具体工作之大成，我一向认为它是编辑工作中的"小百科形式"的稿件。审读好汇编稿，对于编辑说来，在基本功方面可以认为够格了。审读工作是造就优秀的编辑的一种途径。

编辑是一种献身的职业，艰辛的脑力劳动。对于编辑同事们，说老实话，首先不是看头上有什么徽号，身上有什么资历，而是要看职业道德如何，审稿能力何如；一篇三千字议论文、两千字说明文能不能写好；倘若再掌握一种两种外国语，那就很好的了！我们应该培养这种人才，爱惜和使用这种人才！

对于我们编辑说来，审读书稿是我们的重大责任。党中央和国务院的《关于加强出版工作的决定》指出：

编辑工作是整个出版工作的中心环节，是政治性、思想性、科学性、专业性很强的工作，又是艰苦、细致的创造性劳动。

党和国家是了解我们的工作的。审读书稿又是编辑工作中最重要的环节。编辑应当努力担负起审读的重任。

（选自《审读的意义与方法》中的第六部分，见曾彦修、张惠卿编《编辑工作二十讲》，人民出版社 1986 年版）

建国初期中央新闻出版机关中的
消灭错误运动

戴文葆

毛泽东要求纠正错误

提高质量，消灭错误，是一切传媒与出版物的永恒主题。通常所说的质量，包括学术、艺术及技术等类问题，以及各个特定时期的政治、政策与社会风习、宗教信仰等有关问题。提高质量，消灭错误，贯串在各个工作环节中，必须时时注意，坚持不懈。客观情况日新月异，业务要求精益求精，有错误必须更正，不能满足于已经取得的成绩。

毛泽东主席对于文稿的撰写与印行，一向严谨精细，一丝不苟，发现差错，总要求公开更正。他曾亲笔写过一些更正，如进北平后，在1949年4月间，对于中共北平市委机关报《解放报》上登载他的《五四运动》一文，有5处文字上的错误，他送去更正表一件，要求刊登。同月25日广播的人民解放军布告，有两个错字，即以新华社名义，"请各广播电台各报纸予以更正。各人民解放军政治机关印发这个布告时，务请更正"。对于文电上的错误，要求必须更正。1951年2月，他在审定《中共中央关于纠正电报、报告、指示、决定等文字缺点的指示》时，特意加写了几段话。中央指示中指出许多文电，在文字上存在着严重缺点，"这些缺点之最常见者，有滥用省略，句法不全，交代不明，眉目不清，篇幅冗长五类"。毛泽东加写的话称："中央认为此种文字缺点的纠正，将使我们同志的头脑趋于精密，工作效能有所提高，故须予以重视，对已存缺点认真地加以改革。"中共中央宣传部内部刊物在刊出此文时，还特别加了按语说："中央这个指示所指出的文字缺点，在报纸、刊物及其他出

209

版物中也都存在。全国报纸应当按照这个指示的精神发表纠正各种文字缺点的文章，以引起党内外的普遍注意。"

1951年6月6日，《人民日报》发表题为《正确地使用祖国的语言，为语言的纯洁和健康而斗争！》的社论。指出使用略语的混乱现象，"更严重的是文理不通"。"有着这种错误的句子甚至还出现在大量发行的报纸和杂志上"。毛泽东审阅了这篇社论，在最后一段中加了几行，认为必须使任何文件、报告、报纸和出版物都能用正确的语言来表达思想，他写道："当然是能够的。"

同月，中宣部内部刊物登载的《中共中央东北局关于整理党内外报刊的决定》，还加了按语指出："党内外报刊出版的整理，极为必要。"同期刊物还发表了胡绳《为提高出版物的质量而斗争》的讲话。

这样，消灭文电、传媒和一切出版物中的错误，就成为迫在眉睫的重要课题了。

开展消灭错误运动

当时，建国还不到两年，真是百端待理。鉴于新闻出版工作单位是重要部门，成天与亿万读者、听众相见，针对所出现的种种情况，中央指示着重抓传媒和出版物的质量问题，在新闻出版机关中开展消灭错误运动，可说是应运而生，适应各方面工作，不只是新闻出版工作的需要。毛泽东关于"文字缺点的纠正"的重大意义，强调得十分透彻：

"此种文字缺点的纠正，将使我们同志的头脑趋于精密，工作效能有所提高。"

我有幸在京赶上这次消灭错误运动。我本在上海新闻界当编辑，1950年12月人民出版社成立前后，三次向上海方面调我来京，终蒙华东局宣传部指示我所在的单位放行。

我于1951年8月到北京报到后，正赶上消灭错误运动，胡乔木作了严肃锐利的报告，具体指出不少错误事例。新闻出版机关很震动，很重视。人民出版社已停止日常编辑出版工作，专心致志地检查出版物的各种错误，慎重而详尽，一项一项地分工检查揭发，讨伐自身的错误。胡乔木重点批评的《新华时事丛刊》各书，都是辑集当时报刊发表的专文、报道等编成的。出版社组织自己同志编写的，只有 64 开的《抗美援朝小丛书》；还有一两本《中国历史小丛书》，两三万字的小册子，并没有继续组织稿件。当时，出版、发行还未分工，新华书店的 16 开宣传品，将"新华书店"印成了"新书华店"，也被批评。广播员播音时，将政务院总理周恩来念成"周经理"，影响很不好，当然也受到批评。乔木会讲话，善于分析，用词很尖锐，大家听得很入神。经他一讲，大家觉得问题确实是严重的。

中央新闻出版机关消灭错误运动，由新闻总署副署长范长江具体抓。为了研究如何消灭错误问题，范长江曾在 9 月 12 日及 9 月 24 日先后约请新华社的吴冷西、高戈，人民日报社的安岗，广播事业局的梅益，出版总署的金灿然，人民出版社的王子野等，开了两次座谈会，了解各单位运动开展的情况。

这次消灭错误运动，开展于批判武训和《武训传》电影之后，虽也强调"消灭错误是一个群众性的运动"，在思想动员之后，只是发动全体工作人员具体检查各项工作中的错误，为改进业务工作敲了警钟。据我所见，并没有处理什么人。

211

检查发现错误情况

据范长江向胡乔木的报告："错误的情况，在各单位都是严重的。"他以新华通讯社、人民日报社和人民出版社为例做了说明。

他说：新华社从 7 月 1 日到 9 月 19 日内，错误更正计有 106 处，其中应该由编辑部负责的为 47 处；来稿弄错的有 59 处。编辑部的错误中，例如报道延安市工商界三天内对抗美援朝捐献了一亿多元，写成"一亿多万元"；将"同业公会"错成"同业工会"；将"驻日美军士兵因不愿到朝鲜前线打仗"，错成"驻日美军第七兵团不愿到朝鲜前线打仗"。对外电、来稿中的明显错误，如"开罗宣言"错成"开罗公约"；"台湾民主自治同盟"错成"台湾自治同盟"。翻译电报和校对工作，由于粗心大意，也发生了一些比较严重的错误，如将"西沙群岛"错译为"西洋群岛"等，编辑、校对都未发现。又如将中国人民解放军建军"二十四周年"，误校为"二十周年"，"金日"误校为"金目"等。

《人民日报》8 月份在小样上检查出的错误共 263 处，其中政策性的错误 2 处，引语错误 43 处，题文不符 11 处，发稿重复 3 处，用词不当 66 处，泄露机密 3 处，滥用简词 44 处，与事实不符者 61 处，语法不通 30 处。出报以后，检查出的错误共 15 处，其中题文不符的 1 处，发稿重复的 1 处，泄露机密的 1 处，滥用简语的 3 处，与事实不符的 8 处，语法不通的 1 处。检查得很细致严格。

在人民出版社，从 8 月 27 日到 9 月 21 日，对出版物作了一次比较认真细致的检查。当时，胡绳任社长，他在中共中央宣传部工作，不到东总布胡同 10 号社里来办公。在人民出版社主持工作的是副社长兼总经理华应申和副社长兼总编辑王子野。重要书稿经王子野审阅后，再送请胡绳复核。人民出版社领导积极响应消灭错误的号召，全社工作人员投入了这场运动。王子野十分重视胡乔木的动员报告，亲自布置检查工作。在自编的丛书中，如《新华时事丛刊》、《抗美援朝宣传丛刊》，除编辑杂乱外，且有政治错误。翻译的书籍错误更多，《〔美国〕对共产党人的审判》一书，译文拙劣，印装成书后停止发售，决定报废。在一些法律理论书籍中，译错的句子不少，如原文说资产阶级国家的联邦制是按土地制，苏维埃国家的联邦制是按民族制，而译文恰恰把这二者译颠倒了。其他书中，资料错误也不少，语法错误也很多，例如《抗美援朝宣传工作丛刊》之一的"前言"中，有一句是"把……运动的高潮引向深入和经常化"，既是"高潮"，如何能"深入"和"经常化"呢？在书刊校对工作中，检查了 7 月份出版的 11 种期刊，20 本，160 万字，发现错字、漏字 102 处，标点符号错误 71 处，引文与原文不符的 41 处。又如《翻译通报》还把《论人民民主专政》的引文弄错，"政党和国家机器"错成"政权和国家机关"，等等。

人民出版社特将检查出来的政治错误、事实错误及错字、漏字的校对错误，乃至书籍广告中的错误，一一列举原件，由梁涛然同志在东总布胡同 10 号出版社大四合院前面的会议室内，举办一次错误展览会。我奉派协助他做陈列工作。三间大厅房，摆上长桌，铺开展品，分出类别，加上简短说明，供人参观。不少同志，在一周内多次前来细看。作为总编辑的王子野，经常到展览会场来，亲自向同志们解说错误情况，大家觉得像上大课一样，受益不少。举办这个错误展览会，是人民出版社领导消灭错误运动的一个创举。

消灭错误的经验和办法

消灭错误，改进工作，在这次运动中积极考虑如何采取有效措施，各单位都有一些经验、办法和设想。

据范长江同志介绍，新华社为了有计划有组织地提高工作人员的业务水平，逐步消灭稿件中的技术错误，事实错误和语法错误，从这年 2 月份起，就在编辑部发动了练笔运动。总编室把练笔运动规定为编辑部的重要任务，并制定了全编辑部及各部门消灭错误的目标和进程。通过"技术错误登记表"、"成品错误登记表"，组织评奖和竞赛，并加强资料核对制度。自 10 月 25 日起，新华社总社出版《每日新闻检查》的内部刊物，专门发表新闻通讯的检查结果，以便相互观摩改进。

《人民日报》从这年 1 月起即成立了检查组，检查内容包括：①稿件内容是否合乎政策；②题文是否相符；③发稿是否重复；④是否泄露国家机密；⑤引语是否正确；⑥人名、地名、时间、数字是否与事实相符；⑦语法、词句是否妥当；⑧是否滥用简称。由于检查组同志们工作努力，事实错误等，在版面上已大大减少。在 3、4、5 三个月内，即消灭稿件上各种错误 1897 处，其中事实错误占 500 多处。为了进一步消灭报纸上的错误，还计划在组织上制度上采取一系列办法，首先是实行责任制。一切稿件、信件、公文的处理，一律实行按级签名负责制。报纸版面亦决定实行代号签名制。同时，加强检查制度，进一步强化检查组工作。为提高工作的质量和速度，实行分类积累权威资料的办法。对读者来信，地方记者来稿，以及各组内部工作，均有相应的检查规定。其他如建立权威资料，语法修辞、标点符号，争取于较短期内实行突击学习。为防止错误和拖延现象，对于各个方面的重要来稿，都逐项规定了审阅处理办法。为了消灭错误，并发动群众性的竞赛运动。

人民出版社提出的改进办法是：充实机构，组织一个编审委员会，在总编辑领导之下，负责审查重要书稿，讨论编辑方针和选题计划。加强计划性，按工作分有选题、编辑、发稿及出书计划；按时间分有年度、季度和一月计划。书稿审查，建立三审制。决定采用的书稿，内容不当之处，应通过一定程序予以修改、整理。一般书稿，最低限度要经过 4 次校对，其中一次，由作者自己校对。书籍在印制过程中，出版部门应随时指定专人进行检查。印刷完毕，应将样书校读一遍，发现错误，立即排印勘误表，并追究责任。遇有重大错误，应重印。还有严肃纪律、培养干部的决定。

各单位在认真检查工作、揭发错误中，取得了共同认识，认为要把消灭错误工作做好，有 4 项基本办法是必要的：①反复进行思想动员，高度发挥干部的积极性、自觉性、创造性和坚持性。充分揭露错误的事实，便是最有效的动员方法。②要有经常的坚强的领导和广泛的群众运动。③要有严密的检查、登记、统计工作，并须有奖惩制度，加强纪律性。④要有可靠的资料工作。可以看出，这些共识都带有五十年代工作方法的特色。长江在报告中还提到，由中央向全国发指示开展消灭错误运动。

促进消灭错误的各种努力

我初到人民出版社时，正赶上了消灭错误运动。王子野狠抓这项工作，号召全社工作人员人人都要树立严肃不苟、认真负责的工作作风。派我协助梁涛然办错误展览会，无异保送我进编辑工作先修班学习，受益匪浅。当时，人民出版社正式成立才不过 8 个月，其前身是新华书店总管理处的出版部。检查错误时，是连同人民出版社成立以前所出书籍、期刊一齐审核的。作为新华书店总管理处的出版部时，正值建国伊始，组稿工作尚难展开，又要及时宣传时事政策，不免要从党报和期刊上选编一些文章，有关的参考资料不足，尤其严重缺乏国外资料，并受当时专论作者较少、对口介绍不多等条件限制，因而既被批评为"剪刀糨糊，杂乱无章"，又对某些事和人失察，受到尖锐批评的《新华时事丛刊》中的《艰苦斗争中的日本人民与日本共产党》一书，就是由于一篇关于日共小史的作者引起的。事过境迁，一年后乔木致王子野信中谈到改进编辑工作问题时，表示了运动中有些批评不免过当。

运动结束时，范长江在宣武门内国会街新华社礼堂作报告，一再强调消灭错误要靠思想动员，各单位负责同志要做好动员工作，才能保证收效。还说到，由新闻出版印刷工会协助党和政府发动全国性的消灭新闻出版工作中错误现象的运动。

刚组建不久的人民出版社，严格要求自身，着力提高干部思想政治水平，注意中外文图书资料的收藏，制定规章制度，从而改进出书质量。还有件事值得一提：人民出版社领导特地将列宁于 1919 年 10 月 24 日致瓦·瓦·沃罗夫斯基的信译出，并致重酬特请琉璃厂著名书法家，以墨笔按宋体字形写在泥金朱红纸上，宽 1 尺多，长约 3 尺，装入精致的玻璃框中，悬挂在总编办公室东侧会议室北墙上……

不久，在北京东总布胡同 10 号大院的出版总署、人民出版社共用的饭厅里，由叶圣陶先生等主持语法修辞讲座，同志们都去听讲，里里外外挤满了人。这是一种提高整理加工工作的有效措施。

提高质量是主要方针

1952 年 10 月 25 日，出版总署署长胡愈之在第二届全国出版行政会议的报告中，讲到在出版行政上做了许多工作，其中主要的第五项即为："提出了提高出版物质量的方针，开始注意建立和充实国营出版社的编辑机构，健全编辑和审校制度，并初步地推行消灭错误运动，克服了出版上的混乱现象。"

建国初开展的消灭错误运动，热烈紧张，警钟长鸣，殊难忘怀。今日编辑出版工作取得不少可观的成绩，同时尚有"无错不成书"之讥。谨应本刊编者之嘱，忆旧谈往，叙述当年消灭错误的要求和努力，足可策励来兹；兼怀毕生致力于著译出版工作的王子野同志及"文革"中横遭折磨、被痛殴致死的梁涛然同志。

（节选自《新文化史料》1995 年第 1 期）

215

龙世辉

龙世辉(1925～1991)，湖南新冈人。黄浦同学会会员，中共党员。1952年毕业于辅仁大学中文系，后到中国文学研究所进修。1953年调入人民文学出版社。历任现代文学小组副组长，《当代》杂志编辑部副主任，后任作家出版社副总编辑。

龙世辉长期从事文学编辑工作，是杰出的文学编辑家。在他任编辑期间，曾先后编辑出版的著名作品有《林海雪原》、《前驱》、《清江壮歌》、《三家巷》、《苦斗》、《芙蓉镇》、《将军吟》、《代价》200多部（集），上述作品在读者中产生了广泛影响。其编辑理论著作有《编余随笔》等。反映龙世辉编辑活动的理论著作有《龙世辉的编辑生涯》和《文坛托星人》等。

文学编辑工作中的几个具体问题

龙世辉

一、编辑与错别字

任何作家的任何一篇作品，不论在内容上、语法上、文字上都可能存在着问题。如果没有编辑的帮助，提意见、加工、修改是不可想象的。刚刚修好了房子是不能住的，必须打扫干净才行。编辑就是"清洁工"，是文字上的"清洁工"。编辑是文字上的"清洁工"这句话我一辈子都记着。这里我再送给同志们。一篇稿子不经过编辑的打扫，拿出去会错误百出，不可想象。

编辑发稿第一个碰到的就是文字。对现在的报纸、刊物、书籍，有经验的编辑和校对一眼就能看出毛病，首先是错别字。今天我不想在这里讲错别字，只举几个例子给同志们提醒一下。有的错别字，一辈子都可能错下去。有的字你写错了，但印出来却是对的，因为排字架上的字模是对的。如"文明礼貌"，"礼貌"二字常被写错。其实，"礼"从"示"，不从"衣"；"貌"从"豸"，不从"兑"。"步"常被加上一点。"步"字加上一点，中国根本没有这个字。汉字是象形文字，"止"（屮）象形着脚趾，一前一后，一正一反（"屮"）为一步，这在甲骨文、钟鼎文中可以看得到。明白这个道理，"步"字就不会写错，就知道不是"止"下面加个"少"。又如"细腻"的"腻"，右边常被写成"贰"。一个编辑不能写错字，就像一个教员和广播员不能读错音一样。编辑写错别字是很丢人的。有的编辑改诗的韵脚改错了。现在新诗的韵很宽，同韵母就可以算押韵。一个字由声母、韵母组成，如我的姓"龙"（Long），"L"是声母，"ong"是韵母，凡

219

韵母是"ong"的就押韵。懂一点拼音，我们就不会把韵脚改错。这么宽的韵脚都改错了，别人会笑话我们，后人会笑话我们。我们的出版物错误百出，将来过几百年后，会有新的训诂学家纠正我们今天的错误。所以可以说，我们的错误不但害了今天的读者，也要贻误子孙后代。

对汉字不要自己随意瞎简化。现在商品广告牌上常有这种情况。有一个周总理改错别字的故事。周总理到云南视察，工作之余，他去昆明圆通公园观赏樱花。当他看到说明牌上将"樱"字右边写成"英"，便问周围的同志，"樱花"的"樱"有这种写法吗？大家都说没有。周总理亲切地对大家说："我们祖国大，文字又比较复杂。国务院1957年颁布的第一批简化汉字里，没有这个字，大家最好不要使用。"接着他叫人把这个错字改正过来。有的字，学生们几乎都写错了。如"嘴"写成"咀"。谁造成的呢？是我们，是我们这些编辑。再如"千金"错写作"千斤"。谁的女儿有半吨重？"寒暄"写作"寒喧"，"暄"写成"喧闹"的"喧"，意思就错了。这是不行的。我们错了，影响出版物的质量，后果是很糟的。其实只要有中学的文化程度就能识别错别字，只是不注意而已。我敢说，在座的同志中有百分之九十以上的要犯这类错误，我向编辑同行们呼吁一下：要改正错别字，一是要仔细，二是要掌握常识。

二、编辑与常识

文学作品中写到的事情太多了，作为编辑要知识广博，上至天文，下至地理，如果不懂，又不查不问，就要犯错误。有一篇描写两个人打乒乓球的稿件，一方削过来一个个很厉害的下旋球，这一方则大板大板地扣杀过去。看上去描写得很精彩，文字也很漂亮。但懂得一点乒乓球常识的人都知道，下旋球是不能大板扣杀的，只能把球拉起来，最好用弧圈球对付。作者写错了。编辑也不懂，岂不要闹笑话。有一幅插图画，画的是农民在水田里用水牛耕田，画面上的老农左手扶犁，右手执鞭。请问，这个田怎么耕啊！欧阳山的《三家巷》中有一段写吃饭，有一道菜是"竹生"做的，这种菜一般人没见过，校对员自作主张，三次在校样上把它改成"竹笋"。这种常识性的错误在文学作品里简直多得不得了。有一篇小说，写主人公姜二柱上集市上去买菜。时间是初夏，他买完了菜又给他母亲买了六个大柿子。初夏是四月，即使是五、六月，哪里来的大柿子呀？在同一篇小说里，有一处这样的描写："争春的河柳，絮疙瘩刚刚冒红儿。沉睡一冬的大地，才从朦胧中苏醒，还没有着装打扮，显得寂寥荒凉。"从这个描写看，显然是早春二月的景色。可就在同一天下午，作者却写道："桃花盛开，香气扑鼻。"这无疑是春意正浓的景象，一天里面怎么会有这么大的变化呢？在另一篇小说中有这样一段话："……该上课了！上次讲二元一次方程解法，今天讲二元二次方程……"有位读者来信说："这是一处明显的笔误。怎么能设想上次刚讲完二元一次方程的解法，今天就跃过三元一次方程、一元二次方程等必经之路，去大讲什么二元二次方程？这岂不是隔着锅台想上炕吗？"还挖苦说："连初中数学都不知先后，尽胡乱编。"还有一个例子，梁信的《龙虎风云记》，其中有段描写："鬼市上，一片银元叮当山响。银元贩子们，学着某粤剧泰斗的乞儿喉叫道……"这里的"某粤剧泰斗"，指的是著名粤剧演员马师曾，"乞儿喉"就是马师曾特有的那种沙哑的嗓音，因为这种嗓音有点像乞儿嘶哑的叫喊声，所以叫"乞儿喉"。广东人很喜欢马师曾的这种嗓音。"学着某粤剧泰斗的乞儿喉叫道"这句话，直译过来就是"学着著名粤剧演员马师曾那种沙哑的嗓音叫道"。可是编者不懂得"乞儿喉"的意义，反以为作者错了，便改为"乞儿嚎"，于是成了"学着某粤剧泰斗的乞儿嚎道"，不但闹了笑话，连文理也不通了。小说中有一处写到"及第粥"，及第粥是广东人爱吃的一种很普遍的肉粥。科举及第，用及第做粥名，无非是好的意思，可是编者又以为错了，把它改成"及菜粥"。一字之改，使人哗然。《当代》发表的小说《铭刻心底的回忆》，是我的责任编辑。作者贺晓彤，当年是北京钢铁学院的女篮队员，其中有一处描写投篮的动作："三步起跳"，我怀疑三步起跳是否准确，还在办公室里比划过，认为应该是第四步起跳，就在稿子上把"三"改成"四"。发表后作者来信说："第四步起跳，岂不是带球走了！"

一篇稿子放在面前。编辑手里拿着笔，笔是很厉害的，大笔一挥，你怎么改，工厂就怎么排，不能瞎改。我们不能自信。太自信了就要出错，要多查多问。当然，笔误不只是编辑所独有，作家们几乎不能幸免，包括名作家在内。卡尔·桑德伯格的《亚伯拉罕·林肯》中有一段描写："林肯的母亲站在她那小舍门前，轻声地唱着《格陵兰的雪山》。"而这支歌是在林肯去世二十二年以后才出现的，林肯的母亲怎么会唱呢。在英国作家柯南道尔笔下，歇洛克·福尔摩斯的助手华生医生，在一次战斗中负了枪伤。在《血的研究》中，华生的伤在肩上，而在小说《四签名》中，华生的伤却落到了腿上。《鲁滨逊飘流记》中，失事后，荒岛上的鲁滨逊决定回到失事的船上找点吃的东西，当时天气很热，鲁滨逊"脱去衣服，纵身跳入水中"。按说他这时应该是光着身子的，但书中却写道："我发现船上的供应品完好无损。我走进面包房，把面包塞满了我的上衣口袋。"安徒生的童话《夜莺》写的是中国皇宫的故事，意思是艺术家不能装在笼子里，好东西不能关在笼子里。故事很好，很动人。但写到宫女的生活时却说宫女跳华尔兹舞，喝咖啡。以至译者不得不在这儿加一个注，说明中国人的习惯是喝茶。我们绝不是在这儿笑话前辈作家，而是要从中引出教训，名作家都会有笔误，又何况我们。我们这些当编辑的责任重大，光是作品中的细节的真实性，就值得我们努力一辈子，学习一辈子。

有句话叫"文责自负"。编辑用这句话，意思是说，作品是作家写的，不是咱们编辑写的；错了，作家自己应该负责。我是这样理解这句话的：文章（或作品）的立意和论点，作者本人应有自主的权力，同时也负有根本的责任。如果把"文责自负"解释成"一切错误由作者自己负责"，那么编辑部岂不形同虚设，编辑工作也就没有什么意义了。"文责自负"和存车处的"车物自理"总不能相提并论吧！编辑为他人作嫁衣裳，我们总不能让新娘穿着一件有破洞的衣服上花轿吧！这是编辑的责任问题。我中学的一位老师很能挖苦人。看着学生的作文前后矛盾，错误百出，他就念了一段旧戏台词讽刺我们："老夫年已半百，尚未完婚。今日吾儿八十寿辰，不免往后花园中祭吊一番。进得门来，东边桃红柳绿，西边大雪纷飞，真是一派好秋景也。"我们编辑稿件时，错误东西并不像这段台词这么明显，所以要有高度责任心，才能发现稿件中的每处错误。

《林海雪原》是我发的稿。我在加工时，把注意力集中放在情节的修改和语句的修饰上，对错别字放松了，结果在校样上遗留下一百多处错，校对科的一位同志帮我一一找出来，这位同志当时的态度有点使人难堪，但我一直把他看作我的老师。以后我再加工稿件，全身汗毛都竖起来，紧张得是怕又出大批的错，每次都会想起那位曾经帮助过我的同志。我们同志之间，编辑和编辑，编辑和校对必须建立诤友和畏友的关系，抱着这种精神，我们就能提高，我们出版物的质量就能提高。

三、编辑与作家

一篇稿子送到编辑部，于是就发表，就受到好评，就得奖，就成为传世佳作。这样的情况恐怕是没有的，即使真有的话，那也是极其个别的例外。一篇作品的诞生，除了作者本人的辛劳(这当然是最主要的，根本的)，还有编辑提供的一切必须和可能的协助。正如同一个夺取冠军和奖状的优秀运动员，需要教练和陪练的帮助一样。编辑帮助作家改正作品中的错别字，改正作品中的情节、细节和语言文字上可能有的错误，做好文字的清洁工作，提供技术性的服务，这是一种帮助，是必不可少的，而且是大量的、经常的。但是，一个好的编辑，光做到这些是不够的，最重要的还是帮助作家提高作品的思想和艺术质量。常常有这样的情况，一篇交来的作品，已经不错了，如果就这样发表，也是可以的，甚至是较好的，但如果再提高一步，深入一点，就可能成为一篇优秀作品。蒋子龙的《赤橙黄绿青蓝紫》，它的只有三万多字的初稿，就属于这种情况。但是编辑部觉得不满足，认为有进一步丰富、深入的可能，作者也有潜力可挖，便提了一些建设性的意见。作者从这些意见中得到启发，也很乐于接受，便改成后来在《当代》发表的这个样子，受到读者欢迎，成为优秀作品。还常常有这样的情况，即使是一篇优秀作品，在它的创作阶段，在初稿中，不等于不存在问题，甚至可能是较大的问题。作品中局部的问题若失误，带来的后果和影响可能是严重的，有时还可能关系到作品的成败。作家写作品，一写就是几万字、几十万字，难免有考虑得不周到的地方。俗话说：老虎还有个打盹的时候。原稿中存在的问题和艺术上的不足之处，就靠我们这些最初的读者——编辑去提醒，去帮助。现在许多大家公认的优秀作品，都有过这种情况。就拿上次我提到的古华的《芙蓉镇》来说，如果像初稿中那样，没有王秋赦这个人物，王秋赦干的种种坏事都是黎满庚干的，那情况会怎样呢？黎满庚，一个复员军人，一个正直的共产党员、支部书记，对青梅竹马的女友怀着真挚热烈的爱，由于政治原因两人不能结合，只好以兄妹相称，做哥哥的

223

发誓要保护妹妹，可是"四清"运动的政治压力一来，他就变成了那个王秋赦，一个出卖灵魂的小丑。生活中坏人转变，好人变坏的当然都有，文学作品这两种人自然都可以写。但是不写出变化的令人信服的艺术过程，坏人的转变就可能是概念的，没有说服力的；好人变坏，就可能出现人物的分裂现象。为了情节的需要让人物发生不合情理的突变，这是文学创作的大忌，是有背于现实主义的。编辑如果看不到或者不提出来，应该说是没有尽到编辑的职责。

遇罗锦的《一个冬天的童话》里有一段新婚之夜的描写，原稿中作者赤裸裸地写了那"一分钟"，考虑到必然会产生的效果和影响，编辑部只得"代劳"删节修改了。编辑应该对读者负责，对社会负责。生活的真实不能一概实录，应该注意到效果和影响，必须坚持的原则，不管面对什么样的作者，都是应该坚持的。这也是对作者的爱护。一处毛病，一个错误，有时可能毁了一篇作品。在带点原则性的问题上，编辑宜于谨慎一点，小心一点，这也是帮助作家不可忽视的一面。

最后，我引用蒋子龙在《赤橙黄绿青蓝紫》获奖后写的一篇回顾性的文章《水泥柱里的钢筋》中的一段话来结束这个问题："小说是作家写的，可是作家碰上一个什么样的编辑，很有可能会决定他的作品的成败。作家在动笔前心里是有根的，作品完成之后心里又往往没有根了，很想听听别人的意见。独具慧眼的编辑，既不捧杀，又不棒杀，而且帮助作家找到作品的真正的根。"接着他又说："作家是锤头，编辑是锤把；作家是水泥柱，编辑是水泥柱里的钢筋，光使劲不露面。"我们要帮助作家找到真正的"根"，许多作者就是在编辑的发现、帮助下成长、成熟的，所以编辑的责任重大。只要我们努力就会作出很好的成绩。一位老编辑对青年编辑说："好好工作，读者不会忘记你的。"每个作家和每部作品背后都有一个编辑。每一个成功的作家和每一部优秀作品后面也必然有一个好编辑。

（选自龙世辉著《编余随笔》，人民文学出版社 1995 年版）

龙世辉审稿意见三则

审稿意见一

作者在《前言》中说:

"本书拟通过对宦海中三个女人灵魂的剖析,告诉读者:什么是真善美?什么是假恶丑?从而揭示出:只有清除左倾错误影响,坚持马列主义、毛泽东思想,革命才能取得胜利这一主题。"

这三个女人,一个是雷颖(红牡丹),一个是阳玉琴(紫玫瑰),一个是尹雅屏(白山茶)。她们在中学时代,是三朵校花,是三个纯洁、漂亮的姑娘。但后来,雷颖抛弃了曾救她于危急之中、送她上大学的未婚夫关伦,追逐名利,嫁给一领导石坚,为官场逐角,干了许多坏事,后来堕落为"四人帮"爪牙之类的人物。阳玉琴与青梅竹马的男朋友范俊结婚,感情尚好,但经不起名利的诱惑,也学着往上爬,结果失身堕落,身败名裂,家庭破碎。尹雅屏是唯一能保持纯洁、清白的女性,她最后爱上了被雷颖抛弃的关伦,并和他结了婚。但她仍躲不过坏人的谋算,被张部长威逼强奸,以致无脸再和丈夫团聚。

这三个女人都是"左"倾路线下官场中的受害者。小说通过雷颖、阳玉琴的宦海浮沉,尹雅屏所受的屈辱,也就是说,通过三个漂亮女人、三朵花被摧残的如实描写,几乎把"左"倾路线下官场中的丑恶都兜了出来。什么是真善美,什么是假恶丑,这一点倒是写出来了,但从这样一个角度反映"左"倾路线的危害,我担心很有点"内幕文学"甚至"黑幕文学"的嫌疑。如果有人说它是一部新《官场现形记》,该如何回答?

225

　　是的，作者的观点、立场和感情是无可指责的。作品中一再提到，这是"左"倾路线造成的丑恶，坏人是极少数，党中央、毛主席是正确的。作品还写了像范俊、关伦、解书记、高副司令员这样一批正直的、蒙受冤屈的好同志、好党员、好领导，最后是"云消雾散"，"扬帆远航"，预示着"四化"的胜利，给了人以希望和信心。但是第一，作品的主要成分、主要篇幅是写三个女人，是揭露丑恶；第二，范俊和关伦只是受冤屈的形象，他们一个是书呆子，一个是炮筒子，没有斗争艺术，斗争是无效和失败的。他们会得到读者的同情，会钦羡他们灵魂的美洁，但如果从更高的角度来看待、来要求，就很不够了；第三，作品从肃反、反右、大跃进、反右倾，直到"文化大革命"，几乎历写了建国以来的历次政治运动(其中"文化大革命"是虚写)，简单地以"左"倾路线来概括新中国在打倒"四人帮"以前的大部分(土改除外)历史，这样符不符合即将召开的六中全会的精神？

　　我并不想否定这部作品，但我不能不把我的顾虑和担心说出来。如果我的顾虑和担心是多余的，错误的，那么，这将是一部好作品。这部作品牵涉的问题较大，不敢贸然作定论，建议组内和领导共同讨论，作出正确的判断。

　　至于稿件的其他缺点，如艺术上的粗糙、情节上的不合理和可斟酌之处……也还不少，这些，只有在经过讨论肯定后的大前提下，再进一步研究。

　　有句英语成语：我碰到了我的滑铁卢。这是我现在的心情，请同志们和领导帮助。

龙世辉

1981. 5. 15

　　〔评点〕　这是龙世辉为一部长篇小说写的审稿意见。初初读来，似无甚惊人之处，但细细品味，可独得其中妙处。妙处之一：语言清新，表述准确，以极其洗练的语言概括了原稿内容，在有限的篇幅中基本反映了稿件原貌。而且在简单的表述中，还概括出了作品的思想和人物的意义，应该说是颇见功力的。妙处之二：以同样精练的语言，非常准确地点中了作品的要害之处，反映出审稿者高超的把关能力和反映在作品分析中的思辨能力。

226

审稿意见二

很惭愧，也很遗憾，我没有看懂。我是认认真真地看的，一句一句读的，白天在办公室我怕思想不集中，晚上回家深夜静读，还是不懂。（当然不是某一事某一段不懂。）一点不夸张地说，对我来说，这是一部"天书"。我决不想责难作者，他一定有他的道理，他决不是在胡闹，瞎写。是我的外国文学基础太差了，特别是对意识流作品没有阅读的习惯和锻炼，对于这种与民族传统毫不沾边的作品，我成了可怕的"欣赏盲"。因为没有读懂，我无从评论它的优劣，说不出什么意见。

章仲锷同志的意见似有道理，但我没有能力赞同或否定，是否请懂得一点意识流的同志（如杨匡满、冯夏熊）再看一看，然后送领导终审。

龙世辉

1983．3．1 深夜

〔评点〕 这是龙世辉对一篇意识流小说所写的复审意见。很精短，但审稿者的态度非常明了。在这简短的复审意见中，我们不仅可以欣赏到审稿者既率直又委婉的文风，还可以欣赏到一种可贵的审稿态度：不随声附和，不因个人好恶而轻断稿件和随意褒贬初审意见，以及对复审工作的高度负责精神和对作家创作的真诚理解。

227

审稿意见三

我一口气读完了这部稿件，说句陈词滥调，真是心潮起伏，思绪万千。这里写的是"文化大革命"中的一个人间悲剧：很有才能的、在工作中作出重要贡献的工程师徐克文，在运动中被他的同学丘建中无辜陷害，搞得妻离子散，家破人亡；有父有母的徐小玲，却过着孤儿般的悲惨生活；忍辱含冤的余丽娜，在打倒"四人帮"以后，还是走上了自杀的道路。看着这些故事，不禁使人潜然泪下……

但是，这个悲剧并不是光叫你掉泪的。坚强、正直、慈爱的老厂长周仁杰，坚韧不拔，在痛苦中顽强工作的徐克文，对爱情坚贞不移的刘子峰，包括在孤立无援的情况下不得不以自己的特殊方式进行斗争的弱者余丽娜，他们的形象，都能给人以勇气，给人以力量。这里闪烁着真善美的光辉。

含着眼泪去战斗,建设新的未来。——这才是作品的主旋律。

丘建中这个坏得不能再坏的家伙,他的灵魂,几乎集中了一切假恶丑,这个反面人物的成功塑造是很有教育意义的。

是一场真善美与假恶丑的搏斗——作者就是这样看待"文化大革命"的。对丘建中这类人物的暴露、讽刺和无情的鞭挞,矛头直指林彪、"四人帮"。整个作品的艺术效果,当然不是给林彪、"四人帮"破坏了的、成为一场浩劫的"文化大革命"唱赞歌,稿中甚至这样写着:"文化大革命胜利万岁——这是用无辜者的血写成的。"这样的句子,不知是否值得我们再斟酌一下?

作品艺术上也是好的,而且好得有些出人意外。文字漂亮,语言朴素,结构完整,手法新颖。作品开头不久,就制造一个大悬念:余丽娜为什么要抛开三个孩子,去嫁给陷害自己丈夫的大仇人丘建中?一直快到结尾,作者才把这个悬念造成的疑问揭示出来。作品中人物的命运,紧紧揪住读者的心,让读者和作品中人物共同呼吸。

我做编辑工作 20 余年,虽然也经手某些颇有票房价值的作品,但真正感动我的还是这一部。到目前为止,也只有这一部。建议采用,及时出版,让那些活着和死去的灵魂都得到熨帖。萧殷、吴有恒等广东方面的领导同志,也希望我们能快点出版。作者从 60 年代初期的《部长下棋》到现在的《我该怎么办?》和这部《活着的和死去的灵魂》,是一个发展和进步,是一个很有前途的青年作家(现 40 来岁)。他的下一部新作,我已经约稿。

龙世辉

1979. 11. 1

〔评点〕 这是龙世辉为小说《活着的和死去的灵魂》写的审稿意见。读完这则审稿意见,我们可以感受到,作者不是用笔,而是用心写的这段文字,字里行间,融进了审稿者浓浓的感情色彩。一名有事业心的编辑发现了一部好稿,同时又发现了一名新作者时兴奋和激动的心情,跃然纸上。

从写作上来讲,这则审稿意见很像一篇微型书评,而且是一篇很不错的书评。看不见通常审稿意见中枯燥的套话,堪称一种典范。

(点评:丕夫)

(原载《出版研究》1996 年第 1 期)

龙世辉书信选

一

老朱：

我去看望单学鹏同志，碰巧，他的九万字的中篇《海湾曲》刚写完，我便拿来看了。

此稿的题材和内容极好，这个海湾里发生的故事，真实反映了打倒"四人帮"以后"四化"建设中的问题与矛盾，具有很大的现实意义。

这是一篇敢于接触生活、揭露矛盾而又鼓舞人心的作品，老局长和那位新提拔的副局长兼总调度长的形象，可以说是光辉的形象，他们的思想言行，是"四化"的楷模和希望。作者并不避讳他们前进中的困难和挫折，这一点是深刻的，也是发人深省的。

我一时还看不出有什么明显的问题，感到美中不足的是个别情节上的巧合和艺术上略嫌粗糙，特别是结尾部分显得有些匆促。但这并不影响它的生动与感人。

我以为略加修饰就这样发也是可以的，如果请作者在艺术上再细细磨一磨，自然更好。请你速送孟伟哉或秦兆阳同志一阅，作一个决定。如果第六期尚无更好的头条，这篇作品我觉得不是不可以考虑的。

意见写得匆忙，看法不一定准备，听候家中的指示。希望在本月16日以前（我17日回京）能作出决定就好。如家中意见还需修改，最好马上来人和我一起找作者面商。如能把作者请到北京更好！

…… ……

稿件由匡满同志带回。

龙世辉于北戴河

1981. 8. 10

〔点评〕 朴素、清新几乎没有任何修饰的文字，却富有生命力地牵着你走向龙世辉的内心和素养，身在度假却仍不忘孜孜地寻觅稿件，通篇流露的是龙世辉强烈的责任心、充盈的编辑热忱以及在丰富的编辑生涯中积累起来的良好的艺术感觉、敏锐的判断力。读罢这封通信，你也许不会再惊叹《林海雪原》、《三家巷》、《代价》、《将军吟》、《芙蓉镇》、《苦斗》这些丰富了整整一代文学创作的作品，竟都经同一个编辑之手而面世。

自信而没有任何傲气，敏慧而又非常地谦逊，相信自己的判断而又言辞恳切地和同仁平等地交流着自己的感受，传递着自己的判断。这就是龙世辉，一个成熟的老编辑。

二

230 叶文玲同志：

稿件连夜读过。

故事很好，题材、主意都是很好的。问题出在结构上，现在这种写法，历史一大块，现实一小块，形成大小两个方块的结局，历史上的故事与现实生活故事未能自然地、有机地结合起来。如果它们自然地融合在一起，以现实为主，历史材料为现实服务，我想情况就会大大改观。

现在这个样子发表，也有意义，有可读性。如果进一步修改，甚至改写，将是一部好作品。这篇稿件可改成中篇，可压缩成短篇（较后一部分），也可发展成长篇。许多地方比较粗，写得很不充分。关于"文化大革命"的有关情节，有游离状态，离故事主线远一点，如何运用这方面的素材，还有待斟酌。

世辉

1984. 7. 18

〔点评〕 编辑与作者交流的意义在于编辑往往站得比作者高，能超脱地、通观地提出审稿意见，发掘作品的潜力，最大限度地实现作者潜力的充分释放，实现一部作品的更臻完善。

这也正是龙世辉这封仅二百余字的通信的精华所在。

龙世辉用精练的文字非常准确地对叶文玲的稿件作了评判，肯定了作品的价值，又精当地指出该作的瑕疵，指导性地提出了修正意见。通篇流露的是对作者、作品精益求精的责任感。

值得一提的是，该信文字的简练，几成风范。

三

×××同志：

遵秦兆阳同志嘱咐，尊稿已仔细读过，并作了慎重研究。作品通过揭露"左"倾错误造成的恶劣影响，告诉读者什么是真善美，什么是假恶丑。这个主意是很好的，故事本身也生动引人。但读过后却产生了一些颇费踌躇和把握不准的问题，愿提出来和你交换一下看法，共同探讨。

一、揭露"左"倾错误，这无疑是应该和正确的。但这儿主要是通过三个女人的宦海浮沉来表现的，带有较重的"官场丑角"的色彩，使人不能不担心它可能发生的社会效果。如果有人把它看作是"内幕新闻"之类的东西，在客观上被误认为有授人以柄的嫌疑，就不太好作出令人满意的解释和回答。

二、作品的主要篇幅是写三个女人，是揭露丑恶，范俊和关伦只是受冤屈的形象，只能使人同情。如果从斗争艺术更高的角度来看，就似觉不够了。这倒不是说一定要写他们（包括尹雅屏）在斗争中取得胜利才算够，才算好；而是使人觉得，作者笔下真善美的感染力，远不如对假恶丑的描写，在艺术上有点正不压邪。

三、作品内容涉及建国以来的多次运动，有关"文化大革命"的反而是虚写的。在这方面一时还提不出很具体的问题，但如果用六中全会的精神来仔细衡量推敲一下，也似乎并不是没有可斟酌的地方。

以上几点，与其说是意见，还不如说是担心，仅提供你参考。如果你考虑后愿意作一番修改，我们也很愿意读到你的修改稿。

感谢你的支持！

原稿奉还。

231

　　　　此致
敬礼

　　　　　　　　　　　　　　　　　龙世辉
　　　　　　　　　　　　　　　　1981. 7. 10

　　〔点评〕　即使是一封退稿信，也折射出编辑的责任感和他的人格魅力。这封退稿信写得非常真诚，龙世辉毫不回避又非常诚恳地对作者一一分析了稿件的优劣得失，但全信的语气措词却非常委婉，处处可以感受到一种谨慎，对作者自尊和写稿热情的维护。要知道这份稿件已被编辑部集体讨论决定退稿。从这封看似寻常的退稿信中，我们可以学到的一是龙世辉对作者的真诚和责任感；二是编辑撰写退稿信的语言艺术。

　　　　　　　　　　　　　　　　　　　（点评：潘浔）

　　　　　　　　　　　　　　（原载《出版研究》1996 年第 2 期）

阙道隆

阙道隆(1928～2009)，湖南桃源人。1947 年入武汉大学法律系学习。后长期从事共青团工作。1955 年调中国青年出版社从事编辑工作。历任副总编辑、总编辑和编审，1994 年 2 月离休。是中国编辑学会第一、二届副会长，新闻出版总署编辑专业高等教材编审委员会主任，《中国编辑研究》年刊主编。为享受政府特殊津贴专家。

主要著作有《处世智慧》、《编辑学研究文集》、《书籍编辑学概论》(合著)。主编有《实用编辑学》、《中国文化精要》和《朗文中文新词典》等，并发表论文多篇。

以严肃认真的态度为名家的书稿拾遗补阙

阙道隆

编辑对新作者容易忽视，对名家又容易盲目信任，处理他们的书稿时，往往不想也不敢提修改意见。其实名家也有失误的时候。编辑帮助名家纠正失误，正是对名家的尊重和爱护。我看到一篇文章(作者陈天昌同志，原在中国青年出版社工作)谈到了下面的例子：50 年代初，中青社出版华罗庚的科普著作《从祖冲之的圆周率谈起》。原稿中讲到阳历百年少一闰，过了 43200 年之后，人们将会提前 95 天过年。虽然华罗庚是大数学家，编辑对此仍有怀疑。于是查看历法参考书。原来现行历法除订定四年一闰百年少一闰外，还订定每 400 年要加一闰，弥补了差数过大的缺点。因此，不会发生提前 95 天过年的事。编辑向作者提出上述意见后，作者欣然同意，决定由编辑补写一段话，说清楚现行历法是相当精确的。

由此可见，对任何作者的稿子，编辑都可以做优化、完善的工作。关键是要有认真的态度，负责的精神，严谨细致的作风。编辑是一种奉献的职业。在社会主义社会里，编辑人员应献出自己的聪明才智，帮助作者完善原稿，向社会和读者提供优质的精神产品。正因为这样，编辑才成为一种高尚的职业。同时编辑人员也有职业的乐趣。当一本好书、一本好的刊物问世的时候，当人们从这些读物中获得精神营养的时候，编辑人员便能获得莫大的安慰和满足。编辑的生命价值将与这些书籍、刊物同在。

（选自《编辑与作者之间》一文中的第四部分，原载《现代人读书知识大观》，浙江人民出版社 1992 年版）

235

书籍质量为何不断发生问题

阙道隆

现在，书籍质量不断发生问题，社会各界对此啧有烦言。我们需要认真分析原因，对症下药地采取措施。产生书籍质量问题的原因很多，若从编辑出版工作方面考虑，主要有以下几个原因：

一、忽视编辑工作

提高书籍质量，一靠作者，二靠编辑。作者精心写作，编者精心编校，书籍质量才有保证。如果从文化传播的角度考虑，编辑的作用更加重要。编辑是把关人，只要编辑认真把关，书籍质量问题就会大大减少。但是近几年来，无论是在认识上还是在实际工作中，编辑工作的地位和作用都被削弱了。"以编辑工作为中心"的提法，被"以经营为中心"、"以发行为龙头"等新提法所替代。不少编辑人员忙于跑市场，催印刷，抓发行，没有充分的时间认真做编辑工作，有时甚至不做编辑工作就发稿出书。这样，书籍质量出现种种问题，自然是情理之中的事了。出版社应该以什么为中心的问题还可以讨论，但不管讨论结果如何，都万万不可忽视编辑工作，更不可取消编辑工作。

二、忽视审稿加工

提高书籍质量，是通过编辑过程各环节的工作实现的，包括选题、组稿、审稿、加工以及看校样、检查样书等。这些环节相互联系，相互

236

制约。我们可以说哪一个环节的工作更重要，但不可以说，哪一个环节的工作可有可无。只有把各个环节的工作都做好了，才能发挥编辑工作的整体功能，保证书籍的质量。现在有重选题、轻审稿加工的片面看法，认为跑市场、开发适销对路的选题是编辑工作的"魂"，而审稿把关、伏案作文字加工，是计划经济体制的产物，要予以突破。重选题是正确的，轻审稿加工就不对了。没有组稿，选题计划是一纸空文。没有审稿，选题价值不能得到检验和证实。没有加工、看校样和检查样书，难以避免"无错不成书"的情况。因此，对书籍质量要实行全过程的控制，从选题开始到检查样书的每一个环节都不能放松。这些环节形成一本书完整的编辑过程，具有客观规律性，不可随意突破，突破了就会受到惩罚。

（节选自《中国出版》1995 年第 5 期）

一手抓精品，一手抓畅销书

阙道隆

以质量求效益，就要不断推出精品。这是出版社的责任，也是出版社生存发展的重要条件。精品书是有价值的书，其内容或者反映了已有文化成果的精华，或者对学术、文艺等进行了前沿性、开拓性的研究和创造，能够对社会发展产生重大影响。这样的书，不仅对社会和读者有益，也能给出版社带来声誉，扩大出版社的社会影响。一个出版社只有不断出版精品书，才能在社会上立足。从个人来说，只有编出精品书，才会有事业上的成就，否则会遗憾终生。现在，出精品书已成为抓精神文明建设、促阶段性转移的具体目标和重要措施。出版工作者只有强化精品意识，才能适应客观形势的要求。

精品书是怎样编出来的，主要取决于下面一些主客观因素：

选题有价值、有新意：即精品书所反映的应是重大题材、重大课题，或者有新内容、新观点、新材料，或者有新的描写角度和表现方式。

有好作者：作者对所写的内容有研究、有见解，有娴熟优美的文笔，而且治学严谨，写作态度认真。

有好编辑：编辑有学识，有眼光，有责任心，有准确、敏锐的判断能力，并善于发掘作者的潜能，对书稿精编精校。

有完美的外观形式：书籍的装帧考究，印制精良，能体现出版社的个性和编辑的风格。

精品书不一定都是大部头，内容精粹的学术著作和普及读物都可以成为精品。

判断一本书是不是精品，是一个很复杂的问题，不能自封，甚至不能靠少数专家作出定论，而要由历史和读者去检验。因此，出精品书要讲求实际，不图虚名，注意了解读者的反映，考察书籍在读者中产生的客观效果。

抓精品书要有决心，有耐心。只有下决心抓，才有可能出精品，不抓，精品书永远也出不来。抓精品书还要舍得投入，没有投入，也不能出精品。要克服本本书都要赚钱、赔钱的书不出的想法和做法。西方的出版社出的书也不是每一种都赚钱，而是大部分赔钱，少部分赚钱。要求每本书都赚钱，许多精品书就出不来。

当然，出书不能都赔钱，否则何以维持和发展出版事业。一些精明的出版家的做法是：一方面赔钱出有价值的书，以保持出版社的声誉，发展社会的科学文化事业，另一方面又出赚钱的畅销书，把赔的钱补回来。一手抓精品，一手抓畅销书，才是一条完整的经营思路。

（节选自《市场经济条件下的办社思路》，原载《今日出版》1996年第4期）

239

黄 伊

黄　伊(1929～2003)，广西钦州人。1946 年入广东(现为广西)廉州中学。1951 年毕业于中山大学中文系。随即到中国青年出版社文学编辑室做编辑工作。1981 年转入人民文学出版社，1999 年任《文学故事报》副主编。

　　黄伊长期从事文学编辑工作，曾编辑和参与编辑许多重要的文学作品，如《烈火金钢》、《太阳从东方升起》、《风满潇湘》及《创业史》等。他是《红旗飘飘》的创办人之一。

　　由黄伊撰写，反映黄伊编辑活动及编辑思想的《编辑的故事》已于 2003 年 5 月，由金城出版社出版。另有王立道著《烛照篇——黄伊和当代作家》，青海人民出版社 1995 年出版。

关于《括苍山恩仇记》的通信

黄　伊

吴越同志：

　　您好！

　　您写的小说《括苍山恩仇记》，在编辑部已经耽搁好些时日了。这本稿子处理的时间较长，有这样几个原因：一是稿件本身是一部大部头的作品，全稿一百余万字，一个人读一遍，就要花比较长的时间；二是这本稿子所写的题材是一百多年前的事情，为了确定本稿的取舍，研究本稿的优缺点，前后有五位编辑通读了全稿；三是主观上的一个原因，是我们工作上抓得不紧。所以，在没有正式研究本稿之前，关于审稿时间太长，是首先要向您说明及请您原谅的。

　　我们研究以后，关于《括苍山恩仇记》一稿，有如下几个看法及意见，想跟您商量：

　　一、关于本书的主题思想及总的估价

　　小说集中描写太平天国失败后贪官污吏的欺压盘剥，广大农民群众逐渐认识了反动统治阶级的真面目，在太平天国革命精神的影响下，官逼民反，到白云山聚众起义。

　　作品的主题思想是比较明确的，情调也基本是健康的。小说塑造了众多的正反面人物，设计了曲折、复杂的情节，展现了清朝末年的社会生活画面，有较强的艺术吸引力。从小说中可以看出：作者收集、掌握了大量的有关资料，有比较熟练的艺术技巧和表达能力，语汇丰富，语言流畅，是一部很有希望的稿子。

243

二、本稿的特色

情节曲折而不离奇，语言生动，流畅（当然，有些地方歇后语用得太多，有些地方不适当地用现代语，因而使一百多年前的人用现代的语言讲话，等等）。本书通过对浙江缙云县壶镇附近几个家庭、家族的描写，来反映社会的一角的生活、矛盾和斗争，这是很有意义的。因此，作者用整章整章的篇幅写什么婚丧嫁娶，打官司，监狱等等，并不是这本小说的缺点。相反，这正是本书的优点，人们正是通过这一幅幅动人的风俗画，认识那个社会的。作者并没有自己跑出来说，他喜欢什么，反对什么，但是人们通过小说比较客观的描写，得出自己的结论，体会作者的爱憎。又比如，整个故事围绕着吴家丢失了一条牛展开，丢牛事件的本身并不重要，但是人们通过这些生动描写，知道了整个社会的面貌。作者把这些东西，如实地和盘托出，就完成了他让读者认识生活的作用，达到作者创作这部小说的目的。

三、小说的缺点及不足之处

1. 没有触及到反帝这个主题，没有写到帝国主义对我国的侵略。作品是要反映生活、反映时代的。一百多年以前，正是帝国主义要把中国沦为他们的殖民地的时候，写那个时代的作品，不能回避这一点。比如，老舍同志的话剧《茶馆》，并没有出现洋鬼子，但人们可以感到洋鬼子的存在，可以感到人们反帝的斗争。所以，小说中如何处理好洋教士的问题，如何适当地写出或衬托出帝国主义对我们的侵略，是作者值得注意的一个问题，是这次修改中应着重考虑的。

2. 在人物性格描写方面。小说里主要描写了林、李、吴三家，雷家也写到了一些，人物性格比较突出的有林、李、雷三家。唯独作为正面人物，主要人物来写的吴家，性格描写没有鲜明的特点。作者没有把吴家写好，有这样几个原因：吴家的人多，一下子都出来了，作者没有时间和机会给他们独特的、能够丰富人物性格的情节（吴家与雷家相比，雷家所用的笔墨不多，但因为雷家的人在出场时，作者对他们进行了适当的、能够给人留下深刻印象的描写，所以雷家给读者的印象比较深刻）。

3. 作者具有一定的才学和知识，这有助于写好这部长篇，这只是一个方面。但假如掌握不好，相对地会带来这样一个弱点：容易造成材料的堆砌，卖弄学问。在这一点上，小说《括苍山恩仇记》同样有它的弱点。

244

比如什么缙云话切音罗马字啦，佛经啦之类，都显得非常赘累。特别是关于音韵学方面，作者要舍得割爱。至于有些章节，大谈其嫖经，则不但多余，而且显得有害了。

4. 两个主要人物没有写好：

①吴本良。作者在小说开头，写吴本良与林炳比武，有声有色。吴本良自动到官府投案打官司以后，人物就处于被动状态，无声无息，不但性格得不到发展，而且处于被动挨打的地位，无助于人物性格的形成及丰富、深化。

②关于正觉和尚，作者卖了许多关子，读者也非常关心正觉和尚的命运及今后他对山寨的贡献。但作者因为写他主张打官司，在关键的地方没有发挥出特殊的作用，而且去搞什么切音文字等等，游离于主题之外，因而这个人物没有发挥出他应有的光辉。

四、对本稿修改的建议

为了体现百花齐放的方针，让读者通过这本独具一格的小说，去认识生活，认识社会，认识近百年历史的一个旁枝，提高读者的鉴赏力，从那些半文不白的、具有其本身特色的语言，开拓读者的眼界，提高读者的阅读能力，您能否参照我们所提出的一些您认为正确的意见，对该稿做一次认真的修改。我们建议您先集中精力修改前八卷。

现将原稿一部共十卷奉还，请查收。在修改该稿的过程中，希望经常与我社保持联系。修改稿脱手之后，望即寄给我们。以上意见仅供参考，不知您的意见如何？望赐复。

　　　　此致
敬礼

　　　　　　　　　　　　　　　　　　　　　黄　伊
　　　　　　　　　　　　　　　　　　　1979 年 5 月 3 日
　　　　　　　　　　　　　　　（原载《编辑之友》1985 年第 1 期）

245

我在中国青年出版社的难忘岁月

黄　伊

50 年代中期，人家并不怎么看得起中国青年出版社，一直把我们当做第二流的出版社。本来，总政文化部已经在人民文学出版社出版了一套《解放军文艺丛书》。但是，当我们得知他们还想另外再编一些丛书交给中国青年出版社时，我虽然明知他们不打算将最好的作品给我们，还是跟他们签了合同，忍气吞声发了三四本一般性的书稿。但我决定双管齐下，一方面做丛书编辑部那些中校少校的工作，一方面在部队作家中开展工作。《渡江侦察记》编剧沈默君悄悄告诉我，他们华东军区文化部长吴强，有一部写山东战场的《红日》，已经送到丛书编辑部。我一天打两个电话，首长首长地叫，口口声声点名要《红日》，终于如愿以偿。

我们当年和人民文学出版社竞争，还表现在《创业史》的约稿上。原来，柳青在解放初期已经颇有名气，他的长篇小说《种谷记》出版以后，又在《人民文学》发表了另一部长篇《铜墙铁壁》，还当了《中国青年报》文艺部主编。但是，他不留恋大城市的生活。有一天，江晓天对我说："柳青在陕西已经住了一二年，他将来必定要写长篇。黄伊，你马上到西安，跟柳青约稿。你如果能约到柳青新的长篇，你就为中国青年出版社立了一功。"

我先坐火车到西安，再搭长途汽车到长安县，下了汽车又走一段山路，到了半山腰柳青的家里。我鼓起如簧之舌，硬是跟柳青签订了《创业史》的约稿合同。我已优哉游哉回到北京，合同锁在中国青年出版社总编室的保险柜里，作家协会一位书记才千里迢迢到了西安，坐着小汽车去看望柳青，想替人民文学出版社约稿，柳青只得无可奈何地耸耸肩膀了。

我们不但和人民文学出版社竞争，还和当时颇有影响的天津百花文艺出版社竞争。梁斌的《红旗谱》，本来是由中国青年出版社出版的，因为印数定额问题，与中国青年出版社闹翻了。他不但收回《红旗谱》的版权，连续集《播火记》都一股脑儿交给百花文艺出版社了。梁斌拒绝和该书原来的责编打交道，怎么办？这么一部好书就丢了吗？编辑室决定换马，由我和另一位编辑庄似旭出面修补篱笆。我和庄似旭进行穿梭外交，往返于保定和天津之间，比当年基辛格还要忙。我们二人不但将《红旗谱》和《播火记》要了回来，连还没有最后定稿的《烽烟图》也一塌刮子要来了。

　　《太阳从东方升起》（一、二）的出版，也有一段戏文。原来，该稿作者曾秀苍是《百花》的编辑，他将稿子投到中国青年出版社。萧也牧审读后认为这是又一部《红旗谱》，但有些地方要修改。编辑室决定将它作为重点稿来抓，派我到天津替作者请创作假。社长林呐不愿意放。他说："南方农民运动搞得热火朝天时，老曾在城里一家小报当记者，他能写好这部稿子吗？"我说："作品所写的是他家乡的生活，这是他的长处，但的确像您所说，他当时不在斗争的旋涡里，所以我们让他补充修改。阁下，您也是作家，您高高手，让他到北京去一趟吧！萧也牧看稿有眼光，是不会错的。"我说服了林呐，将曾秀苍请到北京。萧、曾二人，甚为相得。几经修改，才最后定稿出版。"文革"中，中国青年出版社停业十年，曾秀苍久等不见消息，将该书修订本连同第二部《山鸣谷应》，交由天津百花文艺出版社排印。中国青年出版社复业，我也回到编辑部以后，因萧也牧在"文革"中受迫害已到天国，我便四处发信与曾秀苍联系。曾与我神交已久，他接到我的信后，如实将有关情况相告，我又二次赴天津将此书争了回来。此次重印，才统一改用《太阳从东方升起》（一、二）作为书名。

　　……　……

　　为了抓到一部好稿子，我们真是跑断了腿。《烈火金钢》是我到保定与作家刘流修改定稿的。《朝阳花》一稿，我们从"解放军文艺丛书编辑部"一位校官那里得到线索，我跑到上海，跑到杭州，又请与马忆湘一起写稿的谭仕珍到北京，才争到了这部书稿。

　　　　（原载《出版科学》1999 年第 1 期，此为节选文中的一部分）

247

和大学生谈编辑

黄 伊

前些时，中国人民大学中文系有一位应届毕业生，到我们人民文学出版社来实习。编辑室的主任副主任都是大忙人，让我来接待这位大学生，向她介绍一些编辑业务知识。

我对大学生说："我虽然当过若干年的编辑，但我从来也没有给学生们上过课。当一个编辑最要紧的是什么，我一下子也讲不清楚。……这样吧，正好有一位作家写了一本关于我的书《烛照篇——黄伊和当代作家》，我送一本给你。你拿回去花一两天时间看完以后，我再跟你谈好吗？"因为我正在编《文学故事报》，我还借了一本我们报纸1995年的合订本给她看。

过了几天，大学生来找我，称赞了《烛照篇》，说我发现、培养、扶植了多少作家，许多影响了一代青年的优秀作品，由于我的尽心尽力，终于得以和读者见面，"黄老师多么……"我连忙摆了摆手说："其实，我也没有做多少工作。作家王立道在这本书里说过，'此传非一人之传，此碑非一人之碑。'《烛照篇》不仅仅是写了我，还写了我周围一批编辑，有名有姓的编辑，前后写了二三十位。该书只是以我作为一条轴线，由此辐射出去，写了一批作家和作品。"

我喝了一口茶，润了润嗓子接着说："该书歌颂了一批编辑的那种极其可贵的奉献精神。前一两年，我因为要给《北京日报》的'人物'专栏写文章，我采访了《中国青年报》、《中国少年报》和一些出版社的编辑、记者，我发现他们年轻的时候都和我们一样，没日没夜地工作，一心扑在工作上。那个时代的编辑，都有那么一股子非常值得我们怀念的奉献精神，一种非常崇高的敬业精神……"我停顿了一下，再接着说："时代不同了，我们不要求现在的编辑，都像我们在五十年代、六十年代那样傻干。但是，为着一种事业的开拓，没有几分不计报酬、无私奉献的精神，是很难把编辑工作做好的。"

听了我的话，我仿佛看见大学生的眼睛里，一种不很相信的眼光闪了一下。于是，我跟她讲了两位编辑的故事：

"有一位编辑，本来在一家出版社编一份刊物，后来跳高枝，到另外一个刊物去了，因为他在出版社编的那个刊物，据说属于处级，后一个刊物是局级。俗话说，人往高处走，他嫌他现在编的是一个小报小刊，他也要攀高枝。"

接着我又对大学生说，曾经当过我们人民文学出版社社长的韦君宜，年轻时，在延安跟胡乔木同志一起在中宣部工作过。乔木对她说，我们做宣传工作，不论是编报纸也好，编刊物也好，这是关系着千百万人的事业。但是，我们宣传部门不是衙门，没有官可当。你做编辑、当记者，是用你那支笔去为人民服务。你要是想当官，那就到政府部门去好了。韦老也是经常这样教育我们的。

大学生津津有味地听着，我把话题拉了回来。我说："当编辑最要紧的一条，是要有一种无私奉献精神，要有一颗金子一般的心。我可能终生是一个默默无闻的编辑，也可能一辈子只是一个小记者，局级处级可能和我们终生无缘，可是，我审查、加工过的书稿，我奉献给读者的是我的心血，我的精品。我始终认为，斤斤计较自己什么级别，是很难把编辑工作做好的。高升为局级的主编值得人们关心的依然是，刊物办得怎么样，有没有推出什么好作品，有没有开拓出什么新局面。也可能我的脑筋太陈旧了，我总觉得不把主要的精力用在编好自己的刊物上，一味热衷于为更高的级别而奋斗，是很难做出什么值得人们称道的成绩的。

有了一颗金子般的心，有了可贵的敬业精神，你就会发现自己身上有一种用不完的劲，就会富有创造性地去开拓工作，打开新的局面。在为读者服务中，你应该得到极大的乐趣。经过你的手，如果能弄出几部将传之后世的作品，在我的心目中，你在精神上就比心里只想着自己有什么级别的那些官长们富有得多。"

大学生问我，你心目中最理想的编辑应该是什么样子，他们主要应该抓什么工作？我说："我印象最深的是五六十年代跟我一起工作，或者当时干脆就是我的对手，而他们的工作，确是经得起时间考验的。我认为理想的编辑，在编辑部内部富有开拓的精神，能够坐得下来，抓出精品；在编辑室外面，他是一个外交家，和作家广交朋友，能把作者的优秀作品抓到手。"

我又如数家珍地对大学生说："比如，在五十年代，工人出版社的何家栋，推出了一批影响深远的描写革命家的传记文学作品，如《我的一家》、《把一切献给党》……中国青年出版社的江晓天抓回忆录，支持我们创办《红旗飘飘》丛刊；抓创作推出《红日》、《红岩》、《红旗谱》、《创业史》、《李自成》……教育了一代青年。张羽，采访、整理《王若飞在狱中》，加工润饰《在烈火中永生》、《红岩》；另一位编辑唐微风，帮助蒙古族作家乌兰巴干，修改《草原烽火》。上面那些优秀作品的出版，乃至于得以传世，编辑们所付出的心血，实在功不可没。

在对外交往方面，也就是说代表出版社和作家广交朋友，因而把当时最优秀的作品抓到手的事例，你看了《烛照篇》，可以非常生动具体地看到，当年中国青年出版社这一个优秀的编辑群体是如何工作的。我还跟你讲讲我在八十年代参加一些笔会、研讨会，亲眼所看到的几个年轻的编辑。她们的活动，在我和王扶的心里，留下了深刻的印象，我和王扶参加了天津《智慧树》杂志组织的一次活动。当时，最有影响的科普作家都来了，还有二三十位科普刊物的编辑记者。上海《文汇报》来了一位年轻的女记者(她也写过几篇颇有影响的科普作品)。她和作家交往的那种落落大方及不卑不亢的态度，她在组稿方面的才能，乃至于她和同行打交道时既热情而又丝毫没有虚假，倒显出几分真诚的表现，我和王扶私下谈话时都觉得：一个编辑部就得有一两位这样的编辑！我还参加了湖南省作家协会组织的一次作品研讨会，会后到张家界去旅游。同行的有湖南省当时很'火'的一些作家，还有一些出版社的编辑。花城出版社有一位年轻的女编辑，也和我们一起旅游。只有几天的时间，她不但和作家们搞得很熟，还能让作家们替她办一些事情。作家张扬，因为出版《第二次握手》，当时颇有名气。那个女编辑在旅游结束后回到长沙，还没有休息，她就能叫张扬带着她去拜访湖南省一些颇有影响但没有去张家界的作家，开展约稿活动。你想，有张扬陪着，湖南的稿子不是好约

250

得多吗!"

我对大学生说:"最理想的编辑,是在编辑部里能够安安静静坐得下来,加工修改稿子;研究读者的需要,根据党和国家教育青年的要求,开拓选题,打开局面。在出版社外面,是一个外交家,善于和作家打交道,像叶老叶圣陶年轻时候一样,和作家们广交朋友,在交友中发现稿件,开辟稿源,把你所在的出版社或刊物办得有声有色。头一种本领,我希望文科大学生在校学习时,就要把各种基本知识学好,注意自己的语文修养,练一练自己的那支笔。第二种本领,大学生在校学习时,要参加一些社团活动,锻炼自己的活动能力。我年轻时和作家们交往能应付自如,得益于我在中山大学读书时,做过学生会的文工团长。你想,几百个大学生我都应付得了,和作家打交道我还会胆怯吗?"

大学生问我,你在当编辑时主要精力放在什么地方;你在审稿时,注意哪些方面;你对目前的出版有什么看法?

我望了一下窗外,站起来在屋里来回走了几步,坐下来一边思考,一边对大学生说:

"我年轻的时候,诗歌、小说、散文、儿童文学、长篇、中篇、短篇、报告文学,包括文娱材料方面的书稿,我都抓过,都处理过。但是对读者影响最大,而我一直引以为荣的是,我抓了长篇小说的创作。按照我当时的顶头上司、中国青年出版社文学编辑室主任江晓天一再交代我的是,长篇小说是重武器,让我死死地抓住,一点也不能放松。因而在五六十年代的中青社,出版了许多影响了一代读者的长篇巨制。现在五六十岁的读者,谁没有读过我们组织出版的所谓'三红一创'呢!这些书对青年读者革命人生观的形成,起过多么大的作用呵!现在党中央又提出,要以高尚精神塑造人,要用优秀的作品鼓舞人,我是热烈拥护的。至于审稿要注意什么问题,我说:除了要注意艺术质量,编辑看稿子时,一定要讲政治!"

大学生用十分吃惊的眼光望着我,我喝了一口茶,不管她是否有兴趣,我又滔滔不绝地讲了起来:"你觉得奇怪吧!你可能正在想,这位老先生,现在都是什么年代了,还………"

我接着说:"我为什么说当编辑要讲政治,并不是因为我昨天在报上读到江泽民总书记的讲话,而今天在你这位应届毕业生的面前,照本宣

251

科。我这样讲，既是我多年来当编辑的体会，更是从一些书稿上出了问题，甚至出了大问题，才得出这个结论，才敢在你这位大学生面前这么讲的。"

不知道你注意了没有，有一年，在"扫黄打非"中，有关部门极严厉地处理了《×××性婚俗》一书。为什么？因为这本书极其严重地破坏了民族团结，伤害了伊斯兰的宗教感情。通过这个反面教材，我们当编辑的、搞意识形态的同志，时刻不要忘记，中华民族是由 56 个民族组成的，维护民族团结，是每一个公民，特别是我们当编辑责无旁贷的。

在纪念抗日战争胜利和世界反法西斯胜利 50 周年时，某大刊物用显著的版面，发表了一个以描写淞沪大战为题材的长篇小说，在同期出版的一个选刊上，也把它作为头条刊发了。既然大家这么看重这部作品，我趁着一个星期天，也将这部作品从头到尾读了一遍。当然这个长篇所写的一些战争场面，确是以前的小说所没有出现过的。据我所知，作者并没有亲身参加过这场战争，靠采访能写成这样的确是很不易的。但是，这部获得我们一些编辑同志叫好的长篇，却存在两个问题：一、它严重地违反了我党关于统一战线的政策；二、许多地方编辑工作非常粗糙，一些本来应该避免的政治错误，却让它发表出来了。为此我作为该刊的一个读者，曾经找了该刊的主编、副主编，表达我的态度："中国共产党战胜国民党的三大法宝之一是统一战线。你们在小说里这么露骨地把共产党昔日的朋友写成小丑，这是应该的吗？作者在小说里不自觉地流露出来的对共产党不健康的情绪，你们为什么不把它删去？"可惜我人微言轻，没有引起他们对这些意见的注意。后来该小说果然受到上头几次严厉的批评。

大学生问我，你对性描写怎么看？我思索了一下，对她说：

现在写性是很时髦的了，不信你到一些小书摊上去看看，光是书名及封面，就够刺激的。也许我的脑筋太旧了，我始终认为这方面的书出得太多了，对我们所要提倡的社会主义精神文明，只能起到促退的作用。

大学生听见我提到小书摊，她要我讲一讲对通俗读物的看法。她说，有些出版社出版那些书，主要是为了赚钱，因为据说严肃作品没有人看。我对大学生说：

"你看了《烛照篇》应该知道，我是十分偏爱通俗作品的。《烈火金钢》

当年我们是当作通俗文学出版的。'文化大革命'后我在中青社担任责任编辑的《括苍山恩仇记》（吴越著），也是当作通俗作品出版的。前者印了两百多万册，后者印了五六十万册。至今我还在编的《文学故事报》，你看了我借给你的1995年合订本，可以看出，这也是一份通俗报纸。我主张出版一些故事比较曲折，情节比较吸引人的作品，去给一些文化水平不很高的读者看。这种作品，应该通俗易懂，并照顾到我国读者的口味，文字不要欧化，不要疙里疙瘩。韦老韦君宜对我说过，你编的《文学故事报》，要是能让小保姆也懂，要是在车站、码头、街边也有人买，让那些不一定喜欢文学的人也来看你这张报纸，你就胜利了。但是，我们反对把黄色的东西塞给读者，反对精神鸦片。"

严肃的作品会赔钱吗？我说："我们以前出版的作品，最多的印到六七百万册，印两三百万册的也不少。北京正义路有一座六七层的高档次的办公楼，还有一座上下三层可以开大会可以跳舞的大礼堂，在'文化大革命'前是我们团中央的。那座十分辉煌的大楼和礼堂，是用我们中国青年出版社和中国青年报社所赚的利润盖的。我们出的书，教育了一代读者，我们所赚的钱，充实了国库，为什么有了社会效益的书，就一定没有经济效益呢！出了好书又让它顺利地送到读者手中，还是一门学问呢！"

我最后对大学生说："我不像我的同学，他们一些人在北京大学、东京大学、中山大学，还有你们人民大学当教授，讲起来一套一套的。我讲的没有什么理论，我只是从我的亲身经历来讲，不一定对你有什么帮助。总之，我认为，要当一个称职的编辑，最主要之点是要有一颗金子般的心，全心全意为你的读者服务。这就是我的结论，这就是我要对你讲的。再见！"

（选自黄伊著《编辑的故事》，金城出版社2003年版）

253

编辑要有伯乐的眼力

黄　伊

…… ……

考验一个编辑是否有眼力，功夫深不深，不仅仅看他是否选出了一些优秀的作品，还要看他有没有把好作品漏掉了，还要看看他有没有把一些本来平庸的作品滥竽充数当作传世之作来出版。世界上常胜将军是没有的，一般说来，当编辑的时间久了，难免有看走了眼的时候，但不会离谱太远。比如，人家本来是一部在思想和艺术上都有较高的成就的作品，事实证明，在该书出版以后会拥有广大的读者群。但是到了你的手里，却是"尊稿水平较差，我社不拟采用"，把珍珠当作鱼目抛弃了。那末，你就算不上一位高明的编辑。

审稿是一关，编辑加工在整个编辑工作程序中，又是重要的一环。

关于编辑加工，在这里有几种情况需要说明：

对一些有成就、有风格的作家，在整理他们的稿子时，我觉得，有问题可以如实地向他们提出，但一般不宜随便改动人家的稿子。因为一个有经验的作家，如巴金、柳青、周立波等同志，他们的行文，都有他们自己多年来所形成的独特的风格，不适当地改动，不仅不应该，而且常常吃力不讨好。

对一些作品有深厚的生活基础，作者有相当的写作能力，只是在成书之前，仍须"百尺竿头，更进一步"的作品，编辑要密切配合作者，给以支持和帮助。曾秀苍同志写的长篇小说《太阳从东方升起》，在定稿之前，该书的责任编辑吴小武，就和作者配合得很好。秀苍同志回忆说："初次见面，就很相得。以后他常和我谈对作品的意见，主题思想、故事情节、人物、技巧以及结构布局，他牵针引线地娓娓而谈，谈得很随便，听起来很深刻，他虽然只是编者，但令人感到他和作者一同进入了角色，一同置身到作品所描述的时代和环境中去了。"经过作者的努力，《太阳从东方升起》得到更进一步的提高，成为中青社的一部保留书目。

对一些青年作者的作品，必要时可以做一些文字上的润饰。但到底应该怎样改，怎样写，主要还是靠作者自己动手，编辑不能越俎代庖。我不赞成大砍甚而替作者重写一些章节。因为我们只是编辑，而不是作者。一个编辑只能一般地知道一些创作上的规律，他们毕竟不是作者，不熟悉那些千差万别的人物和多彩多姿的生活，勉强地去做，只能产生一些雷同的作品；强加于人，一向效果都不大好。

除了审稿和编辑加工，做好一个文学编辑，很重要的一项工作是做组织工作，即策划选题与组织写作者的工作。

能干的编辑手长腿长，能抓到好稿；优秀的编辑是一个组织家。他们既要注意创作界的动向，又要注意作家的动态。要千方百计地把作家团结在出版社的周围，为出版最优秀的作品，努力创造各种条件。

《创业史》怎么会在中青社出版呢？原来，中青社文学编辑室的老主任江晓天非常注意文艺界的情况，他读过柳青的《铜墙铁壁》和《种谷记》，知道柳青是一个严肃的作家，他舍弃了大城市舒适的生活，深入陕南农村长期安家落户，三年五载，必将有新的创作打算。因此，决定派我，当时一位年青编辑，千里迢迢到陕西长安县皇甫村访问柳青，和他签订了《创业史》的约稿合同。这已经是四十余年前的往事了。

《红日》又怎么到了中青社？五十年代，解放军文艺丛书编辑部，每年编有丛书，交中青社出版。但具体发哪一部稿子，并没有一定之规。那时，中青社比较注意做好部队作者的工作。《渡江侦察记》编剧沈默君，与中青社的编辑交往甚深。沈向中青社介绍，吴强有一部大作品，"是写战争题材中的佼佼者"。文学编辑室知道这个消息后，与丛书编辑部联系时，指名要吴强的《红日》。稿件到编辑部以后，指定室里一位工作非常细致的编辑陶国鉴负责稿件的整理。

（节选自黄伊著《编辑的故事》，金城出版社 2003 年版）

255

林穗芳

林穗芳（1929～2009），广东信宜人。1951 年毕业于广州中山大学。1951 年曾在南方日报社工作。1956 年至 1995 年在人民出版社做编辑工作，1983 年获编审职称。1988 年任中国出版科学研究所特约研究员。1990 年获第二届"韬奋出版奖"。1991 年享受政府特殊津贴。1999 年被北京印刷学院聘为兼职教授。2002 年中国翻译工作者协会授予资深翻译家荣誉证书。

主要著作有《列宁和编辑出版工作》、《书籍编辑学概论》(合著)、《中外编辑出版研究》、《标点符号学习与应用》等，并发表出版理论论文多篇。

编辑的语文学习和进修

林穗芳

做好编辑工作需要具备的中国语文修养分六点来谈。

1. 文字根底要扎实，具备消灭错别字的能力

汉字是世界上最难学的文字之一。没有错别字的书稿是很少的。作者写错字，有编辑给把关，编辑写错字，就很可能出现在书上，因为校对只对原稿负责。现在书上错别字多，主要原因是编辑在原稿上没有消灭干净，由于校对的疏漏造成的错别字是很少的。

一个合格的编辑要认识多少个汉字呢？这是有待编辑学研究的问题。1956 年中国文字改革委员会印发的"通用汉字表草案初稿"收通用汉字 5448 个，后来又增加 500 个，总数比《小学生字典》(上海教育出版社 1981 年版)所收的字还少 500 个。这 6 千个通用汉字是要认识的，不能再少了。

据我国科学工作者利用电子计算机统计，3700 个基本汉字(2000 个最常用字＋1700 个次常用字)的出现率为 99.9％(占所统计的总字数的百分比)。存贮3700 个基本汉字对计算机来说已足够一般应用了，对一般人来说也够用了，但是对编辑来说是远远不够的。因为认识3700 个基本汉字，不过是对中学生的起码要求。当编辑的如果书稿中有 0.1％的字不认识，也就是说 1 千字有一个不认识，10 万字就有 100 个不认识，那怎么成呢？6 千个通用汉字除3700 个基本汉字外，还有 2 千多个非基本汉字，包括文言成分、姓名、史地、动植物、科技和其他方面(宗教、民族、方言、译音)的用字，在中初级读物中不常用，但在高级读物和各种专著中是常用的。编辑不认识，出现"杜国庠"误作"杜国痒"之类差错就不足为奇了。

259

如果连基本汉字的字形、字义和用法都不掌握，还会闹更大的笑话，"庇护"被改成"屁护"就是一例。

一部分繁体字简化之后减轻了学生识字的困难，却加重了编辑的负担。繁体字和简化字编辑都得掌握，非标准的简化字要能识别，这也是文字的基本功之一。

没有把握的字要勤查字典，不要轻易放过，依赖下一道工序替你堵塞漏洞。应当向校对科的同志学习消灭错别字的本领，在校样上要留心看校对同志提出了哪些问题，帮助你改正了多少错误。书稿出现错别字是有一定的规律性的，一些老校对总结经验的材料和前人整理的常见错字表，不妨找来看看，每看一次肯定都会有所收获。

…… ……

（此为节选本文的第一部分，见曾彦修、张惠卿编《编辑工作二十讲》，人民出版社 1986 年版）

责任编辑的主要职责

——西方组稿编辑重选题组稿轻审读加工吗？

林穗芳

　　选题开发和文字加工西方出版社分设专职编辑负责，目的是为了加强选题开发，同时也是为了使文字加工做得更细更好。并不是所有的组稿编辑都擅长文字加工，文字加工需逐字逐句进行，是很费时间的。学识水平高的组稿编辑搞文字加工自然胜任愉快，因为他们的薪金较高，公司老板不愿意在这方面多占用他们的时间。但是，作为责任编辑，组稿编辑要对委托别人按照自己要求进行的文字加工的质量负责，对文字编辑加工过的稿件要进行检查，解决所提出的疑问或转给作者解决，文字加工编辑不会越过组稿编辑直接同作者联系。我国赴英进修的一位编辑带回的材料中有英国一家科技出版社的组稿编辑 1987 年 2 月 24 日写给苏联科学院化学物理研究所某教授的一封信，信的开头写道："我收到对大作进行文字加工的助理编辑提出的一些疑问，拟请帮助解答一下，以便改入有关的段落。随信附上有关的那几页供审阅，有问题处已用红笔标明。……"所开列的疑问及说明文字这里从略。信末落款为"物理科学组稿编辑卡罗琳·谢泼德"。

　　有人说"传统"编辑的主要特点是接受任务、审读加工，随着计划经济向市场经济转变，编辑工作的重心应向选题组稿转移，像西方编辑那样把主要时间和精力用于跑市场、抓选题，改变过去埋首案头的习惯。为适应社会主义市场经济发展的需要，加强选题组稿工作无疑是十分必要的，但不能因此忽视或削弱书稿审读加工，尤其是不能把选题组稿和审读加工对立起来。组来的书稿不认真审读加工，怎能保证它的质量？赫·贝利在《图书出版艺术与科学》一书中说"决定稿件取舍是编辑部的首

261

要责任"，对于决定采用的书稿"完成实质性编辑加工以后，编辑(有时是从一开始就抓这个选题的同一个编辑，更常见的是一位专职的文字加工编辑)将从头至尾把书稿至少通读两遍，通常是三遍或更多遍，仔细审阅每一章、每一节和每一句，检查是否前后一致，拼写与标点有无错误，设法改进文字组织与措词，删除冗词赘言，请求把意思不清楚之处改清楚，提出对作者说来不存在但读者会产生的问题"(美国得克萨斯大学出版社1980年版第26、32页)。我们知道西方出版公司的老板一般是不看稿的，但组稿编辑不能不看稿，不看稿就无法正确履行编辑的首要职责——决定书稿取舍。对书稿的实质性编辑加工(侧重于内容方面的加工)也是在审读的基础上进行的，通常由组稿编辑或开发编辑负责。

责任编辑是在图书编辑出版的全过程中起主导作用并对图书的社会效益与经济效益负主要责任的编辑。在现代出版社，特别是在市场经济条件下，选题开发应当是责任编辑的主要职责。当我们谈论选题开发的时候，不可忘记这个概念不仅指选题策划、组稿，还包含审稿、选稿和内容加工。编辑协助作者修改、增删书稿的内容，使其更符合选题设计的要求，或者看了书稿内容之后，改变原来的选题设计，这些都属于选题开发范围以内的事情。选题内容开发好，然后责任编辑可以委托别人进行文字加工，但要对文字加工的质量负责。西方正规出版社的责任编辑重视选题开发，并不忽视文字加工。近年在我国出版社出现重选题组稿、轻审读加工的倾向所造成的恶果——图书质量严重滑坡——经过新闻出版署组织三次图书编校质量抽查，已为大家看清楚了。作为责任编辑，一定要明确自己的主要职责，把编辑出版工作各个环节的关系正确处理好。

(节选自《编辑学刊》1995年第4期)

后 记

质量是图书的生命。有了高质量的图书，就能占领市场，就能赢得读者，就能在激烈的竞争中取胜。所以，提高图书质量，多出精品是编辑出版的永恒主题，也是衡量出版繁荣、文化发展进步的重要标志。

我国每年出书 20 多万种，在世界是出版大国。在众多图书中不乏有精美绝伦、档次很高、富于创新、深受读者欢迎的精品之作。但选题重复、缺乏原创、内容平庸、跟风炒作、一般化的图书也不在少数。近几年来，由于出版领导部门高度重视，广大出版工作者的努力，我国的图书质量也在逐步提高，但总体情况仍不容乐观。广大读者对精品少以及图书中存在的差错充斥、语言失范、逻辑混乱、编校粗劣等现象时有不满，批评之声不绝于耳。千方百计地提高图书质量已引起社会的普遍关注，成为制约出版发展繁荣而需要解决的一个紧迫问题。

作为精神文化产品的图书，是文化建设与文明传承的重要载体。出版工作者的根本任务是不断地向人民提供优秀的精品图书，满足人民日益增长的文化需求。出版工作向人民负责，其根本点是要对出版物的质量负责。出版工作者要有高度强烈的责任意识，把提高图书的质量作为自己崇高神圣的使命。

编辑工作是整个出版工作的中心环节。编辑人员的政治思想水平、知识水平和业务能力的高低，直接影响着出版物的质量。因而加强编辑人员的自身学习，提高整体素质，是提高图书质量的一个重要保证。

本书选入的我国现当代有代表性的 22 位著名编辑家，记录了他们在提高图书质量方面所作出的种种努力及感人业绩，虽然这只是选编的部

263

分内容，相信我们也可以从中吸取有益的东西，激励我们自觉地为提高图书的质量作出应有的努力。

在这些众多的著名编辑家中，有的为成就一部巨著，不惜冒着生命危险，煞费苦心，受尽奔波之苦而无怨无悔；有的大局在胸，以战略家远见卓识的文化眼光与实践家的与时俱进，创造性地策划重大选题，发现新人推出佳作；有的为打造精品，不惜在遣词、造句、文字修饰上殚精竭虑而斟酌再三；有的以编辑为终生职业，为文化事业的发展苦心孤诣而默默无闻，作出自己的贡献。尽管他们所处的时代不同，经历各异，但他们以编辑工作为己任，彰显出的认真负责，精益求精的工作态度、非凡的创新业绩、热爱编辑工作执著的献身精神，作为先贤的遗教，永远值得我们继承学习，永远激励我们为提高图书质量而进行不懈的努力。

在编选过程中，著名编辑家吴道弘先生提出了许多指导性意见，首都师范大学出版社的有关领导、丛书项目负责人张巍同志及河南大学出版社的谢景和、靳开川、马龙等同志均对本书的选编给予热情指导与支持。在此，特向他们表示感谢。

由于本人学识浅薄，见闻所限，在资料的选编上还存在不少问题，敬请专家和读者指正。

宋应离

2008 年 3 月于河南大学

2010 年 5 月改定